Comité de vigilance face aux usages publics de l'histoire C V U H

Fondé au printemps 2005, le Comité de vigilance face aux usages publics de l'histoire regroupe des historien-ne-s, chercheur-se-s et enseignant-e-s, du supérieur et du secondaire, préoccupés par l'instrumentalisation politique de l'histoire. Car si la recherche et l'enseignement sont de leur compétence, le passé appartient à tous.

Ni censeur ni gardien du temple, le CVUH, en restituant les enjeux du passé, qui ne peuvent se confondre avec ceux du présent, a pour objectifs de réagir aux différentes formes d'instrumentalisation du passé et de l'histoire, d'alerter les citoyens à propos des détournements éventuels de la recherche historique et de réfléchir à la place et à la fonction de celle-ci dans notre société.

http://cvuh.free.fr

À QUOI SERT « L'IDENTITÉ NATIONALE »

Collection dirigée
par Thomas Loué & Philippe Olivera

Laurence De Cock, Fanny Madeline, Nicolas Offenstadt & Sophie Wahnich (dir.)
Comment Nicolas Sarkozy écrit l'histoire de France

Catherine Coquery-Vidrovitch
Enjeux politiques de l'histoire coloniale

Laurence De Cock & Emmanuelle Picard (dir.)
La Fabrique scolaire de l'histoire. Illusions & désillusions du roman national

BP 70072, F-13192 Marseille cedex 20
http://www.agone.org

ISBN : 978-2-7489-0080-4

Gérard Noiriel

À quoi sert « l'identité nationale »

AGONE

Passé & Présent

CVUH
Comité de vigilance face aux usages publics de l'histoire

Édition préparée par Michel Caïetti, Thierry Discepolo, Benoît Eugène et Gilles Le Beuze.

INTRODUCTION

Une contribution au devoir de vigilance face aux usages publics de l'histoire

« Depuis une dizaine d'années, les problèmes d'immigration et d'identité nationale sont au cœur de l'actualité politique, non seulement en France, mais dans l'ensemble de l'Europe. » Ainsi débutait l'ouvrage que j'ai publié sur ce thème en… 1992, il y a donc quinze ans [1]. Contrairement à ce qui a été dit et répété au cours de ces derniers mois, la question de « l'identité nationale », relancée par Nicolas Sarkozy pendant la campagne de l'élection présidentielle de 2007, ne constitue donc nullement un sujet « tabou » qui aurait été délibérément ignoré dans le passé.

En faisant figurer, dans le titre même de ce livre, l'expression « identité nationale », j'avais voulu montrer que, loin d'y voir « un gros mot » à rayer de notre vocabulaire, la recherche historique pouvait s'emparer de ce sujet, pour y réfléchir avec les armes de la science. Comme la plupart des historiens qui ont travaillé sur cette question, mes critiques ont toujours visé les *usages politiques* de « l'identité nationale », parce que cette expression a été utilisée, le plus souvent, pour stigmatiser les immigrés, en fabriquant un clivage artificiel entre « eux » et « nous ».

C'est ce que je me propose de montrer à nouveau dans ce petit livre, en prenant pour objet les discours qui ont été tenus à ce sujet pendant la campagne des présidentielles.

Cet ouvrage inaugure la collection que le Comité de vigilance face aux usages publics de l'histoire (CVUH) a décidé de lancer pour amplifier son action. L'histoire est devenue, aujourd'hui plus que jamais, un réservoir d'arguments que les acteurs de la vie publique mobilisent pour défendre leurs intérêts et légitimer leur pouvoir. Les « entrepreneurs de mémoire » s'affrontent continuellement sur la « repentance » et l'« antirepentance », en multipliant des discours qui ignorent ou caricaturent la recherche historique. Contre ces manipulations du passé, il nous semble important que les historiens fassent preuve de « vigilance », car si nous ne sommes pas capables de défendre collectivement, dans l'espace public, le type de savoir que nous produisons, personne ne le fera à notre place.

Pour dissiper certains malentendus sur la notion de « vigilance », il faut néanmoins rappeler rapidement ce qui différencie l'histoire et la mémoire. La plupart des discours qui ont été tenus sur le passé, depuis l'Antiquité jusqu'au XIXe siècle, peuvent être classés dans le registre mémoriel. Les auteurs de ces récits se donnaient pour mission de juger les acteurs de l'histoire. En dénonçant les uns et en réhabilitant les autres, ils se plaçaient au service de leur communauté, de leur classe sociale ou des pouvoirs (Église ou État) dont ils dépendaient. Aujourd'hui encore, ces discours mémoriels restent largement dominants. Néanmoins, à partir du XIXe siècle, l'engouement pour la science, mais aussi les progrès de la démocratie, ont incité les États nationaux à rémunérer des petites communautés d'enseignants-chercheurs afin que ces derniers produisent des connaissances « objectives », répondant à des problèmes scientifiques, sans rapport direct avec l'actualité politique, dans le but de comprendre et d'expliquer le passé, au lieu de le juger. Certes, cet idéal de vérité a souvent été malmené, et parfois bafoué, mais il reste la principale norme sur laquelle repose aujourd'hui le « métier d'historien » (et l'un des principaux enjeux des luttes internes à la profession). Il va de soi, néanmoins, que l'histoire et la mémoire ne sont pas séparées par une cloison étanche. Bien que ces deux types de rapport au passé possèdent chacun sa propre cohérence et ses propres règles, ils se chevauchent, se complètent et se contredisent. Il ne s'agit donc nullement de hiérarchiser histoire et mémoire, mais seulement de les distinguer l'une de l'autre.

Ces précisions permettent de comprendre que les membres du CVUH ne se considèrent pas comme des « experts ès passé ». Nous nous appuyons, *au contraire*, sur nos compétences d'historiens pour critiquer ceux qui cherchent à justifier leur pouvoir en arguant des « vérités de l'histoire ». Le savoir historique peut certes aider à mieux comprendre les enjeux du présent, mais il ne peut pas servir d'argument d'autorité pour légitimer tel point de vue politique plutôt que tel autre. La « vigilance » que nous revendiquons consiste donc à combattre les entreprises de domination qui s'appuient sur les « leçons de l'histoire ».

C'est la raison pour laquelle, j'ai mis au centre de ce livre la question de « l'identité nationale ». La plupart des observateurs ont souligné que l'irruption de ce thème dans la campagne des présidentielles de 2007 avait été le « tournant » de l'élection, permettant à Nicolas Sarkozy de prendre un avantage décisif sur ses concurrents dans les sondages. Comme on le verra, le candidat de l'UMP est parvenu à imposer le thème de « l'immigration et de l'identité nationale » en affirmant constamment qu'il voulait « dire la vérité aux Français ». Et dans tous ces propos, il a alimenté ce discours de vérité en convoquant l'histoire de France. Dans les deux premiers chapitres du présent ouvrage, je me suis appuyé sur les nombreuses recherches historiques réalisées depuis trente ans sur ce sujet pour montrer qu'il n'existe aucune définition objective de « l'identité nationale ». La plupart des historiens récusent aujourd'hui ce discours de vérité pour se focaliser sur les usages de cette notion. Les chapitres III et IV s'inscrivent dans le prolongement de ce type de démarche, en examinant comment les candidats à l'élection présidentielle et les journalistes ont eux-mêmes utilisé le thème « immigration et identité nationale » en fonction de leurs positions et de leurs intérêts.

J'ai privilégié dans cette analyse la stratégie de Nicolas Sarkozy non seulement parce que c'est lui qui a imposé ce sujet dans la campagne électorale, mais aussi parce qu'à peine élu président de la République il a appliqué son programme en créant un ministère de l'« Immigration et de l'Identité nationale ». Ayant démissionné, avec sept collègues, du comité scientifique de la Cité nationale de l'histoire de l'immigration (CNHI) pour protester contre ce ministère, je reviendrai en conclusion sur les raisons qui justifient nos critiques à son encontre.

Si l'objet même de ce livre imposait de centrer la réflexion sur le discours de Nicolas Sarkozy, il est incontestable que l'intérêt porté jusqu'ici par le CVUH à la stratégie de cet homme politique s'explique aussi par des raisons plus générales. Depuis plusieurs années, celui-ci a réactivé des formes d'anti-intellectualisme auxquelles même la droite républicaine semblait avoir renoncé ces derniers temps. En traitant ceux qui ont mis en cause ses propos sur l'identité nationale de « petite intelligentsia » coupée du peuple (discours de Vesoul, 13 mars 2007), le candidat de l'UMP a cherché à discréditer la fonction critique qui est pourtant inhérente à notre métier.

Beaucoup d'universitaires, surtout parmi ceux qui (comme c'est mon cas) sont restés proches des milieux populaires, trouvent littéralement intolérable que le candidat des milieux d'affaire, l'intime des milliardaires et des vedettes du show-biz, puisse confondre Neuilly-sur-Seine et Neuilly-sur-Marne, en dénonçant les enseignants et les chercheurs comme des « privilégiés » roulant sur l'or. Pour répondre à ce genre de mise en cause, il est néanmoins indispensable de « maîtriser ses pulsions » en renonçant aux facilités de la dénonciation, pour rester sur le terrain de l'analyse rationnelle et de l'explication [2]. C'est ce que j'ai essayé de faire dans ce livre.

Ces quelques remarques préalables indiquent dans quel esprit je l'ai écrit. Il ne s'agit pas d'une étude savante mais d'un essai qui s'appuie sur les acquis de la recherche historique pour éclairer une question d'actualité. Il n'était toutefois pas possible, dans un si petit volume, de mobiliser l'ensemble des travaux qui existent aujourd'hui sur ce sujet. La perspective socio-historique adoptée ici rendait l'exercice d'autant plus difficile qu'elle interdisait d'analyser seulement les discours tenus sur l'identité nationale depuis le XIXe siècle. Pour éclairer leurs usages, il fallait en effet les replacer dans leur contexte historique global.

Malgré ces limites et le peu de temps dont j'ai disposé pour écrire cet essai, j'espère qu'il contribuera à nourrir la réflexion collective et à alimenter le débat public, tout en incitant d'autres chercheurs à approfondir l'analyse.

I. Genèse d'un problème

L'expression « identité nationale » s'est diffusée dans le vocabulaire politique français seulement à partir des années 1970. Nicolas Sarkozy, qui n'a cessé de vitupérer contre la « pensée 68 » au cours de sa campagne électorale, ignorait sans doute que cette manière de désigner la nation est l'une des conséquences de Mai 68. Comme on le verra dans le prochain chapitre, en effet, ce sont les régionalistes et les militants de l'ethnicité qui l'ont imposée en se mobilisant pour que les cultures dominées soient reconnues comme de véritables « identités nationales ». Précisons toutefois que, lorsque cette expression n'existait pas, d'autres formulations étaient employées pour dire à peu près la même chose. On parlait alors de « personnalité », d'« âme », ou de « caractère national ».

Ces expressions ont en commun de considérer la « nation » comme s'il s'agissait d'un être humain. C'est pourquoi la plupart des définitions de « l'identité nationale » mobilisent les deux critères qui, selon Paul Ricœur, caractérisent l'identité d'une personne : la « mêmeté » et l'« ipséité » [1]. La « mêmeté » indique que X est un « idem » de Y par opposition à Z. Dans cette perspective, une nation existe parce que ses membres possèdent des caractéristiques qui permettent de les distinguer des représentants des autres nations. L'« ipséité » désigne la conscience de soi. Elle suppose la continuité dans le temps, c'est-à-dire la mémoire. Les membres d'une nation doivent donc revendiquer une même origine et faire état d'une permanence à travers l'histoire.

Le principe des nationalités

Les historiens s'accordent pour affirmer que les nations, au sens politique du terme, n'ont commencé à apparaître qu'au XVIIIe siècle, au moment où les progrès de la culture écrite ont permis l'émergence d'une « république des lettres » en Europe. Comme l'a souligné Anne-Marie Thiesse, « rien de plus international que la formation des identités nationales » [2]. En effet, ce sont les luttes de concurrence opposant des individus parlant chacun au nom de sa « nation » qui ont joué le rôle décisif dans le développement de ce processus identitaire.

Il faut d'emblée distinguer deux niveaux dans ces concurrences. Le premier est apparu d'abord en France. Ce sont les enjeux de politique intérieure, mettant aux prises les représentants de l'aristocratie et ceux de la bourgeoisie cultivée (adeptes des Lumières), qui expliquent le triomphe de la définition révolutionnaire de la nation en 1789. Elle est ici un synonyme de « peuple » ou

1. Ricœur a dû forger ces néologismes car la pauvreté de la langue française ne permet pas de distinguer ces deux facettes de l'identité. La « mêmeté » est désigné par les termes « *Gleichheit* » en allemand et « *sameness* » en anglais ; l'ipséité par « *Selbsheit* » et « *selfhood* ». [1]

de « tiers état ». Dans son fameux essai sur le sujet, l'abbé Sieyès affirme que les nobles sont des « étrangers ». Il propose de les renvoyer dans leurs « forêts de Franconie », puisqu'ils se présentent eux-mêmes comme des descendants des Francs [3].

La Révolution française a donc ouvert un premier front, qui restera central dans les luttes politiques concernant « l'identité nationale » jusqu'à la fin du XIXe siècle. Il oppose les républicains (la « gauche » de l'époque), qui défendent la nation, et les monarchistes (la « droite »), qui récusent ce vocabulaire car ils contestent la légitimité du suffrage universel et le principe d'égalité entre tous les citoyens.

Avant de revenir sur ce point, je voudrais évoquer le second enjeu de luttes dans lequel a été prise d'emblée la question nationale. Il illustre, lui aussi, l'idéal de libération des peuples proclamé en 1789, mais il se focalise sur un aspect totalement négligé par les révolutionnaires français : la libération des cultures populaires contre la culture classique diffusée depuis le château de Versailles. L'occupation d'une partie de l'Europe par les troupes napoléoniennes va stimuler ce mouvement de résistance. C'est dans les États allemands qu'il se développe avec le plus de force. Des philosophes comme Herder, puis Fichte et Jahn forgent le concept d'« identité nationale » en inventant un mot nouveau, « *Volkstum* », qui sera traduit en français par « nationalité ». Pour ces militants révolutionnaires, en lutte contre l'aristocratie, le critère fondamental qui définit une nation, c'est l'étincelle de vie, c'est-à-dire l'intelligence qui lui donne sa personnalité [4].

Les philosophes, les philologues et les historiens qui se sont mobilisés en faveur de l'unité de l'Allemagne mettent en avant des critères de « mêmeté » (exemple : la nation allemande existe car tous ses membres parlent la même langue) et des critères d'« ipséité » (exemple : la nation allemande existe car elle possède une mémoire collective et des traditions spécifiques). Grâce à un immense travail collectif de collecte des traditions populaires, de transformation des patois en langages écrits et codifiés, ces savants vont jouer un rôle essentiel dans l'« invention » des identités nationales.

Ce processus a fait l'objet de nombreuses études au cours de ces dernières années. Elles ont mis en relief les liens étroits qui s'établissent alors entre l'émergence des nations et le triomphe de l'histoire. C'est au début du XIXe siècle, en effet, que la « méthode historique », fondée sur une lecture critique des archives, est élaborée à l'université de Berlin par Leopold von Ranke. À la même époque, l'écossais Walter Scott, le père du roman historique moderne, triomphe dans toute l'Europe. Cette révolution esthétique gagne les autres pratiques culturelles. Au théâtre, le drame historique remplace la tragédie. Désormais, ce sont les histoires nationales qui fournissent le cadre des nouveaux spectacles. Dans de nombreux pays, les bourgeois fondent des théâtres nationaux, distincts des scènes créées et entretenues par les princes. Le théâtre lyrique remplit la même fonction. Le « Va pensiero » du *Nabucco* de Verdi, donné pour la première fois à la Scala en 1842, devient le symbole musical du combat pour l'unité italienne contre l'oppression autrichienne. De même, dans le domaine de la peinture, les tableaux exaltent les insurrections populaires contre les tyrans. Alors que les premiers musées voulaient mettre à la portée du public les collections des princes, désormais ils valorisent le patrimoine collectif, afin de créer une culture commune à tous les membres d'une même nation.

Il faut signaler que les historiens qui mettent alors en chantier les grandes histoires nationales d'esprit libéral sont souvent très proches des écrivains et des dramaturges. Tous participent au travail de sélection des grands événements et des grandes figures qui s'imposeront dans les historiographies nationales officielles dans les décennies suivantes.

Le « principe des nationalités » s'est donc massivement appuyé sur la culture pour alimenter les mouvements de libération nationale qui se développent contre les régimes impériaux. Insistons sur le fait qu'à l'époque la défense des identités nationales a un caractère *progressiste*. Bien qu'il ait été un fervent patriote, Herder reste fidèle à l'idéal universaliste, plaidant pour une Europe des patries. De même, les frères Grimm développeront, quelques décennies plus tard, un vaste réseau de correspondants pour recueillir les traditions et les contes populaires dans toute l'Europe.

Cette dimension culturelle de l'identité nationale ne s'est imposée en France qu'à l'époque du romantisme [I]. Dans la première moitié du XIXe siècle, l'espace public reste monopolisé par une toute petite fraction de l'élite qui vit le plus souvent à Paris. Le clivage ville/campagne reste en effet déterminant dans la France de ce temps. Les paysans, qui forment pourtant les trois quarts de la population, sont en majorité analphabètes, et par conséquent sont exclus de toute participation à la vie politique. Le problème majeur de cette période réside dans l'intensification de l'exode rural vers Paris, car l'accumulation des prolétaires dans la capitale accentue la menace d'une

I. Ce retard s'explique parce que l'universalisme est un particularisme qui s'ignore. L'ancienneté de la construction de l'État, la précocité et la force de la francisation des élites ont fait qu'en 1789 la plupart des révolutionnaires étaient déjà fortement imprégnés par la francité. Il n'existait pas d'élite capable de la contester. C'est seulement sous la monarchie de Juillet que le mot « nationalité » entre dans le dictionnaire de l'Académie française, et avec lui s'impose la problématique de l'identité nationale.

nouvelle révolution, qui finira par éclater en 1848 et sur laquelle s'appuiera Karl Marx pour annoncer le renversement du capitalisme et l'avènement du communisme. Pour la question qui nous concerne ici, le plus important est de souligner qu'à cette époque le discours sécuritaire est déconnecté du discours national. Ce ne sont pas les « étrangers » qui posent problème mais les « classes laborieuses », qui sont perçues par les nantis comme des « classes dangereuses » [5].

C'est dans ce contexte que les historiens français vont élaborer les premières définitions de l'identité nationale. Le plus important d'entre eux est Jules Michelet. Selon lui, l'Allemagne est une race, l'Angleterre est un empire, seule la France est une « personne », car elle a pris conscience d'elle-même en 1789 [6]. La Révolution a commencé à répandre les Lumières qui, depuis Paris, doivent être diffusées dans le peuple tout entier, de façon à ce que les « nationalités » de province (qu'il appelle aussi les « races ») se fondent dans la nationalité française, c'est-à-dire accèdent à la civilisation. La définition de l'identité nationale que propose Michelet repose sur l'idée que la lutte des contraires est le moteur du progrès. La nation française ne peut rester elle-même qu'en se « révolutionnant » sans cesse. Tel est le sens qu'il faut donner à sa fameuse formule sur la France « patrie de l'universel ». Il ne s'agit donc pas pour lui de conserver les traditions rurales venues du fond des âges mais au contraire de les éradiquer par un patient travail d'assimilation nationale.

Les conséquences de la guerre de 1870

La guerre de 1870 marque un tournant fondamental dans l'histoire des identités nationales, non seulement en France mais dans toute l'Europe. C'est à partir de cette date, en effet, que l'État-nation prend la forme que nous lui connaissons aujourd'hui.

Le premier facteur qui explique ce tournant est d'ordre militaire. La déroute des armées françaises face à la Prusse, l'occupation du territoire qui l'a suivie et l'humiliation du traité de Francfort (qui consacre la perte de l'Alsace-Lorraine) ont mis un terme brutal à la vision optimiste et progressiste de la nation qui dominait auparavant. Il ne s'agit plus désormais d'encourager l'émergence de nouvelles nationalités mais de défendre la sienne contre les autres. L'évolution des écrits d'Ernest Renan sur l'Allemagne illustre clairement ce changement de cap. Alors qu'il avait été un grand admirateur de la science allemande, un vigoureux partisan du principe des nationalités, au lendemain de la défaite face à la Prusse il s'engage avec ferveur dans la polémique à propos de l'Alsace-Lorraine.

Les définitions « allemande » et « française » de la nation se fixent à ce moment-là. La fameuse conférence qu'Ernest Renan prononce à la Sorbonne en 1882, « Qu'est-ce qu'une nation ? », n'a nullement pour but d'établir les critères objectifs de l'identité nationale. C'est une intervention partisane, dans une querelle qui oppose les représentants de deux grandes puissances. Renan admet que l'Alsace est allemande par la langue et par la race, mais pour lui ces critères « ethnographiques » ne sont pas légitimes pour définir une nation, comme le prouvent les exemples de la Suisse ou de la Belgique. Ce qui prime, c'est le « sentiment de la patrie », car il commande la « volonté de vivre ensemble ». Néanmoins, une lecture précise de ce texte montre que, pour Renan, seuls ceux qui ont des ancêtres communs sont invités à participer au fameux « plébiscite de tous les jours ». On retrouve donc bien ici les deux critères qui définissent l'identité nationale : la « mêmeté » (tous les Français sont identiques par opposition aux Allemands) et « l'ipséité » (les Français partagent le même sentiment d'appartenance parce qu'ils ont la même histoire). Mais désormais la continuité résulte du principe généalogique. Pour Renan, les Français forment une nation consciente d'elle-même parce qu'ils ont des ancêtres communs. La fameuse « volonté de vivre ensemble » est donc réservée à ceux qui ont la même origine.

Le deuxième point qu'il faut souligner pour rendre compte des bouleversements qui se sont produits dans les dernières décennies du XIXe siècle à propos de « l'identité nationale » est d'ordre institutionnel. À peine installés aux commandes, les fondateurs de la IIIe République adoptent une batterie de mesures qui vont jouer un rôle décisif dans la démocratisation de la vie politique française. Le concept de citoyenneté, tiré du *Contrat social* de Jean-Jacques Rousseau, prend alors son sens sociologique. Les citoyens doivent obéir aux lois qu'ils ont contribué à élaborer et défendre l'État qui les protège. La loi de 1889 sur la conscription obligatoire est la traduction la plus immédiate de cette conception de la solidarité nationale. Mais elle est bien vite étendue aux questions économiques et sociales.

La première grande crise du capitalisme atteint son paroxysme au cours des années 1880. Ses effets sont particulièrement dramatiques en France car le retournement de conjoncture (auquel s'ajoute la crise du phylloxéra) ruine l'industrie rurale et détruit un mode de production, fondé sur la pluri-activité, qui avait connu un grand développement en France depuis le milieu du XVIIIe siècle et grâce auquel de multiples petits « pays » vivant en autarcie avaient pu prospérer. Les protections que les individus trouvaient auparavant dans leur environnement immédiat (communautés villageoises, métiers, paroisses, églises, etc.) s'effondrent.

La plupart des gouvernements européens dénoncent alors les traités de commerce, inspirés par les principes du « libre échange », qu'ils avaient signés dans les décennies antérieures, et adoptent des mesures protectionnistes. Il faut insister sur le fait que l'enjeu dépasse largement la question des droits de douane. Il ne s'agit pas seulement de contrôler l'entrée des marchandises étrangères, mais aussi et surtout les déplacements des personnes. C'est à ce moment-là que le mot « immigration » s'impose dans le vocabulaire français.

La première loi sur la nationalité française, adoptée en 1889, est l'une des conséquences les plus importantes du triomphe du protectionnisme. Alors que, jusqu'ici, les élites ne s'étaient guère préoccupées de savoir qui était français et qui ne l'était pas, au sein des classes populaires, désormais cette question devient un enjeu fondamental pour « l'identité nationale ». En vertu du principe de citoyenneté républicaine, tous les Français adultes et de sexe masculin ont en effet le droit de vote et sont susceptibles d'être mobilisés pour faire la guerre. La « qualité de Français » devient donc un enjeu politique majeur. Les juristes s'emparent à ce moment-là du problème de la « nationalité », qu'ils redéfinissent comme « appartenance à l'État », laissant le soin aux élus du peuple de fixer les critères permettant de distinguer les nationaux et les étrangers.

On ne peut pas comprendre l'importance de la loi de 1889 si l'on ne voit pas que l'État-nation constitue un groupe social composé d'individus qui, tous, peuvent légalement participer à l'exercice du pouvoir souverain. La qualité essentielle que ceux-ci doivent posséder en commun, c'est la *loyauté* à l'égard de leur communauté nationale, car la survie du groupe lui-même en dépend. Cette définition politique de la nation n'est pas propre à la France. Elle est universelle car elle découle du

« principe des nationalités ». Ce qui varie, ce sont les critères retenus pour définir la loyauté.

Comme l'a montré Patrick Weil, il faut insister sur le fait que chaque État va légiférer en matière de nationalité en se situant par rapport à ses concurrents, chacun défendant ses propres intérêts [7]. On voit alors se dessiner un clivage essentiel entre les pays d'émigration (comme l'Allemagne ou l'Italie), qui cherchent à garder une emprise sur leurs ressortissants vivant à l'étranger (ce qui les incite à privilégier le « *jus sanguinis* [droit du sang] ») et les pays d'immigration (comme les États-Unis, le Brésil ou la France) qui, à l'inverse, veulent intégrer ces derniers au sein de la population nationale (ce qui pousse à privilégier le « *jus soli* [droit du sol] »). Dans un contexte marqué par la montée des antagonismes militaires, et à une époque où c'est encore le nombre des soldats qui décide du sort des guerres, la nationalité en tant qu'appartenance à l'État est devenue un enjeu politique majeur. Il est d'autant plus crucial pour les dirigeants de la République française qu'ils découvrent alors avec angoisse que la natalité s'effondre, au moment même où l'Allemagne connaît une vigoureuse croissance démographique.

Tel est le contexte dans lequel est adoptée la loi de 1889 sur la nationalité française.

Les analystes qui prennent pour argent comptant les discours politiques sur les « valeurs républicaines » ont présenté cette loi comme une application de la Déclaration des droits de l'homme, une preuve de la conception ouverte et généreuse de la nation inventée par Renan. En réalité, il s'agit d'une politique *annexionniste*, qui vise non pas un territoire mais une population. Jusque-là, en effet, les enfants d'étrangers vivant en France qui voulaient rester fidèles à leur ancienne patrie avaient toujours eu la possibilité de décliner la qualité de Français à leur majorité. Désormais, la règle dite du

« double *jus soli* » les prive de ce droit. Les immigrants belges, italiens ou allemands nés en France dont les parents étaient eux-mêmes nés en France sont déclarés français à la naissance.

Je voudrais insister aussi sur une autre grande conséquence du principe de citoyenneté. Étant donné que chaque membre d'un État national est vu, désormais, comme le détenteur d'une parcelle du pouvoir souverain, les étrangers qui commettent une infraction à la loi, ou qui participent à un mouvement social, sont aussitôt suspectés de manquer de loyauté à l'égard de la France. Pour imposer le double *jus soli*, les auteurs du projet de loi de 1889 prendront prétexte des rixes ayant impliqué des Italiens à Marseille en 1881, en y voyant la preuve que ces étrangers ne sont pas assimilés et qu'ils restent fidèles à leur ancienne patrie. La communauté italienne du Sud-Est est présentée, dès cette époque, comme « une nation dans la nation », une menace qu'il faut éradiquer en obligeant ses membres à devenir français.

La version de la IIIe République

La nouvelle législation sur la nationalité française n'est qu'un aspect d'une offensive plus vaste visant à inculquer les principes de « l'identité nationale » aux millions d'ouvriers et de paysans que la IIIe République veut intégrer au sein de l'État. Sans insister sur une question bien connue, je rappellerai seulement ici le rôle joué par l'école de Jules Ferry dans cette ferveur patriotique. L'enseignement de l'histoire imposé par le nouveau régime fixe la galerie des héros nationaux auxquels tous les petits Français doivent à présent s'identifier en versant une larme sur les provinces perdues. Le Français vit désormais sur « son territoire », dont la représentation est projetée sur les cartes de géographie, amputées de l'Alsace-Lorraine. C'est de cette province perdue que viennent Julien et André, les deux héros de l'un des manuels fétiches de la IIIe République, *Le Tour de la France par deux enfants*, distribué à sept millions d'exemplaires dans les écoles françaises entre 1877 et 1914.

C'est à ce moment-là aussi que s'imposent les écrivains nationaux, comme Victor Hugo, et les textes canoniques (poèmes et extraits de romans) que tous les écoliers apprennent par cœur. Enfin, il faut souligner le rôle joué par l'école primaire dans l'imposition de la langue. Alors qu'à la fin du Second Empire les habitants de plus du quart des communes de France ne s'exprimaient pas en français, désormais tous les futurs citoyens intériorisent les normes d'une langue française officielle, écrite, grâce à laquelle ils peuvent communiquer à distance avec les millions de citoyens qu'ils ne connaissent pas.

Au cours des mêmes décennies, la IIIe République impose aussi les principaux symboles de la nation française. Le 14 juillet, qui avait été jusque-là une date controversée – vue comme un acte de libération par les républicains, elle était dénoncée comme un massacre par les monarchistes –, devient fête nationale en 1880. *La Marseillaise* s'impose au même moment comme hymne national. La IIIe République complète son œuvre en valorisant son patrimoine officiel. La création d'un conseil des Beaux-Arts en 1875 précède la mise en place d'un ministère des Arts en 1881. Auparavant, ces références nationales avaient été défendues par les militants républicains (la « gauche » de l'époque) contre la droite monarchiste et bonapartiste. Au cours des années 1890, lorsque les conservateurs se rallient à la République, elles s'imposent à tous. Le clivage droite/gauche se recompose alors et « l'identité nationale » commence à être prise dans de nouveaux enjeux.

Avant de les analyser, je voudrais insister sur le fait que la IIIe République, en même temps qu'elle a forgé et diffusé son système de références nationales, a enclenché un processus de démocratisation brutale de la société française. Alors que les notables cumulaient très souvent les fonctions de représentants politiques et de publicistes, se prenant souvent aussi pour des savants ou des écrivains, à partir des années 1880 les choses changent. La politique, le journalisme et la production des connaissances deviennent des activités séparées et autonomes [I]. Chaque domaine se dote de ses propres critères de compétence et il faut l'exercer à temps plein pour y être reconnu. Désormais, pour gagner les élections, les professionnels de la politique doivent mobiliser les millions de citoyens appartenant aux classes populaires, qui fournissent les gros bataillons de l'électorat. De même, les journaux, créés à la suite de la loi de 1881 sur la liberté de la presse, s'engagent dans une concurrence acharnée pour conquérir les millions de lecteurs potentiels qui apprennent à lire en français national dans les écoles primaires de Jules Ferry [II]. La réforme de l'université aboutit, elle aussi, à une professionnalisation du monde de la connaissance, autour de deux fonctions très différentes

I. La notion de « champ » élaborée par Pierre Bourdieu ou celle de « configuration » forgée par Norbert Elias permettent de décrire adéquatement ce processus d'autonomisation.

II. Au début du siècle, quatre grands journaux atteignent ou dépassent le million d'exemplaires, touchant ainsi la moitié des lecteurs de quotidiens. Cette force leur permet de construire le « sens commun » de leur époque. Pour conquérir le public populaire, ces journaux ont dû s'engager dans un processus de « fait-diversisation » de l'actualité. Tous les aspects de la vie politique sont présentés sous forme de récit de fait divers, avec un criminel, une victime et un justicier (un héros), ce qui permet aux lecteurs de s'identifier aux personnages et à l'histoire racontée. [8]

l'une de l'autre, mais néanmoins liées : l'enseignement et la recherche.

Précisons que le processus de différenciation des fonctions, décrit ici à propos des élites, a une portée beaucoup plus générale. Les progrès techniques et la diffusion de la culture écrite, grâce auxquels tous les membres de la société française peuvent désormais communiquer à distance, ont aussi permis l'éclosion d'une multitude d'autres identités collectives. Alors que, dans la société rurale traditionnelle, les individus étaient étroitement rattachés à leur communauté de base, désormais ils sont affiliés à des groupes très divers. Parmi ceux-ci, le plus important est d'ordre professionnel. La révolution industrielle a entraîné une croissance brutale du salariat et l'irruption des premières « catégories socio-professionnelles ». La classe ouvrière, en tant que groupe social dont les membres sont reliés entre eux à distance, est née en même temps que la communauté nationale. Le même raisonnement vaut pour les organisations internationales (qu'elles soient religieuses, professionnelles ou culturelles), qui se développent elles aussi au même moment que les États-nations.

De l'identité à l'identification

La IIIe République a donc fabriqué la « communauté nationale » en même temps qu'elle favorisait le processus de différenciation des affiliations. Ce point est extrêmement important pour qui veut comprendre les usages de « l'identité nationale » dans un régime démocratique. Les questions politiques débattues sur la scène parlementaire centrale, les sujets mis à la une de l'actualité par la presse, les programmes de l'enseignement primaire imposent des références qui sont nationales puisqu'elles concernent l'ensemble des Français.

L'identité nationale est donc devenue une dimension de l'identité de tous les citoyens, du fait même qu'elle correspond à certains de leurs intérêts et que, depuis leur naissance, ils baignent dans le « nous français ». Mais il faut immédiatement ajouter qu'il s'agit d'un élément identitaire *parmi de nombreux autres.* La différenciation des affiliations permet aux individus de se rattacher et de s'identifier à un grand nombre de groupes sociaux. Les sociologues ont montré que les membres d'un même groupe partageaient généralement des intérêts communs, souvent garantis par la loi, qu'ils s'identifiaient à des symboles (en premier lieu un nom propre), tout en confiant à des représentants le soin de défendre leur identité collective. Le besoin de reconnaissance inhérent à la nature sociale de l'homme s'exprime alors par la fierté d'appartenir au « nous » que constitue le groupe et par la dévalorisation des groupes concurrents.

Mais la diversité des affiliations permet aux individus des sociétés démocratiques de décliner de différentes manières cette logique du « eux et nous ». On peut à la fois être fier d'être français, fier d'être cadre supérieur, fier d'être membre du club de pétanque qui a gagné le premier prix au concours du canton, etc. Mais nous ne vivons pas vingt-quatre heures sur vingt-quatre avec toutes ces identités en bandoulière. C'est seulement *dans certaines circonstances, et pour certaines raisons,* que l'une prend le dessus sur les autres. Pour le dire en langage plus sociologique, le fait que les individus soient rattachés à différents groupes sociaux a multiplié les identités *latentes* (potentielles), qui doivent être *activées* pour s'imposer. La question fondamentale n'est donc pas de savoir si le « sentiment d'appartenance » à la nation (de toute façon improuvable) « existe » ou non. Il s'agit de comprendre comment et pourquoi, parmi toutes ces identités latentes, certaines acquièrent une forte visibilité dans *l'espace public*.

C'est à ce niveau qu'intervient la politique. Les candidats en compétition pour la conquête du pouvoir d'État ont compris que, dans une démocratie de masse, la logique identitaire que je viens de décrire pouvait être utilisée pour inciter des millions d'électeurs à voter pour eux. En France, comme dans les autres pays d'Europe, ce sont les socialistes qui ont été les premiers à se lancer dans cette voie. Au cours des années 1880, la première grande crise du capitalisme a eu pour effet de porter sur le devant de la scène politique un nouvel acteur collectif, « la classe ouvrière ». Alors que les dirigeants de la IIIe République s'étaient appuyés sur le petit peuple des propriétaires (paysans et artisans) pour écarter les notables, la révolution industrielle a fabriqué un nouveau peuple de travailleurs, composé de mineurs et d'ouvriers de la grande industrie. La capacité de mobilisation collective de ces prolétaires était infiniment supérieure à celle dont disposaient les dominés dans les époques antérieures, en raison de leur concentration dans de grandes usines et des moyens d'organisation à distance qu'ils pouvaient utiliser. Un grand nombre de journaux naissent à ce moment-là pour modeler ce nouveau public. Ils informent les ouvriers sur les grèves et les manifestations qui ont lieu dans toutes les régions de France, ils dénoncent la répression de ces mouvements sociaux par l'armée. Les affrontements les plus violents sont relayés par la presse de masse, en raison de leur caractère spectaculaire. Ils deviennent ainsi des événements d'actualité, connus de tous les Français [1].

1. Grâce à la presse, le « massacre » de Fourmies (huit ouvriers tués par l'armée lors d'une manifestation, le 1er mai 1891) devient une affaire d'État. Elle jouera un grand rôle dans la consolidation d'une identité ouvrière, mobilisée contre les patrons et l'armée.

La misère, les accidents du travail, la violence des luttes sociales sont les principaux éléments grâce auxquels se forge une *identité de classe*, un « nous » ouvrier opposé au « eux » patronal. Le parti ouvrier français, fondé par Jules Guesde en 1879, fait irruption dans le jeu politique en s'appuyant sur le marxisme pour dénoncer l'exploitation capitaliste, revendiquer la suppression de la propriété privée et annoncer une nouvelle révolution. Les succès remportés par le POF aux élections législatives de 1893 frappent l'opinion et inquiètent les nantis. L'angoisse de ces derniers est décuplée par les actions spectaculaires développées au même moment par les anarchistes qui prônent « la propagande par le fait », multipliant les attentats terroristes. En 1894, le président de la République Sadi Carnot succombe sous les coups de l'anarchiste italien Santo Caserio.

Face à ces nouveaux périls, les partis qui représentent les catégories sociales les plus favorisées doivent s'adapter à la dure réalité du temps. La politisation de l'identité nationale devient alors une arme essentielle pour combattre la lutte des classes. Les monarchistes et les républicains enterrent la hache de guerre et passent un compromis. Les premiers se rallient à la République, mais en contrepartie les républicains modérés réhabilitent la religion catholique et reprennent à leur compte une partie des valeurs aristocratiques. Le thème de la terre et de la race – qui avait été au centre du combat multiséculaire que la noblesse avait mené pour défendre ses privilèges – devient un argument essentiel pour redéfinir l'identité nationale tout entière. Les notables catholiques, qui avaient été écartés du pouvoir par les militants républicains (parmi lesquels on trouvait beaucoup de protestants, de juifs et de francs-maçons), déclenchent une contre-offensive au nom de la religion catholique et de l'enracinement dans le terroir. Selon eux, pour représenter la France, il ne suffit pas d'être juridiquement français, il faut être de souche française et avoir des ancêtres français. Cette nouvelle définition de l'identité nationale est approuvée par un grand nombre des « déçus de la République », convaincus que la démocratie entraîne un nivellement des valeurs et une perte de l'autorité de l'État. Son impact s'explique aussi par le fait que la majorité des Français rejette avec l'énergie du désespoir les bouleversements provoqués par la révolution industrielle. Le pouvoir républicain répond à cette inquiétude par une politique protectionniste qui freine l'exode rural. C'est ce qui explique la précocité et l'ampleur du recours à l'immigration dans la grande industrie.

La politisation de l'identité nationale peut donc être vue comme la riposte que la droite a trouvée pour répondre à la politisation de la classe ouvrière impulsée par les partis socialistes. L'importance fondamentale de l'affaire Dreyfus tient au fait qu'elle va radicaliser cette nouvelle bi-polarisation de la vie politique française. D'un côté la droite national-sécuritaire et antidreyfusarde défend la propriété, la sécurité et les vieilles traditions françaises (principalement la religion catholique). Elle est soutenue par les classes aisées (noblesse, bourgeoisie d'affaires, professions libérales), mais aussi par une large partie des paysans et de la petite bourgeoisie. De l'autre côté, la gauche social-humanitaire milite pour le développement de la protection sociale, la laïcité et les droits de l'homme. Elle est soutenue surtout par les ouvriers et par les fonctionnaires.

L'antagonisme classe/nation est poussé au paroxysme par les groupuscules révolutionnaires qui veulent abattre la démocratie. L'extrême droite se mobilise en faveur d'une « révolution nationale », qui triomphera sous Vichy, alors que l'extrême gauche annonce l'avènement du communisme et de la dictature du prolétariat.

L'histoire de France vue par Ernest Lavisse & Cie

Le parti radical, qui cherche à concilier la défense de la petite propriété et celle des droits de l'homme, va occuper, à l'issue de l'affaire Dreyfus, une position centrale, ce qui lui permettra d'exercer le pouvoir de façon pratiquement ininterrompue jusque dans les années 1930. C'est lui qui impose la nouvelle définition officielle de l'identité nationale qui triomphe au début du XXe siècle, comme une sorte de compromis entre la droite et la gauche.

Les historiens de la « nouvelle Sorbonne », alliés les plus fidèles du régime républicain, ont joué un rôle majeur dans ce travail de redéfinition. Le plus influent a été, incontestablement, Ernest Lavisse. Directeur de l'enseignement supérieur au ministère de l'Instruction publique et professeur à la Sorbonne, il a été un acteur déterminant de la réforme de l'enseignement de l'histoire, contribuant ainsi à fixer les grandes lignes de la mémoire nationale. Mais Lavisse a beaucoup œuvré aussi pour que la science historique et la mémoire collective ne soient plus confondues. Les mesures adoptées pour réformer l'université ont permis de renforcer l'autonomie de la recherche à l'égard du pouvoir politique. Les exigences concernant la thèse de doctorat se sont accrues, de même que les normes en matière d'objectivité. Aux yeux des historiens de la « nouvelle Sorbonne », la principale mission de la recherche historique est de produire des connaissances spécialisées éloignées des passions du moment. La politique mémorielle de l'État républicain passe surtout par le canal de l'enseignement de l'histoire, et par l'édition d'ouvrages destinés au grand public. Outre le fameux manuel scolaire qui porte son nom, Ernest Lavisse met en chantier, aux éditions Hachette, une « histoire de France » en plusieurs volumes, à laquelle ont collaboré tous les grands historiens républicains de l'époque.

Cette entreprise collective produite par une communauté savante désireuse de contribuer à l'éducation civique des Français est un véritable monument dédié à l'identité nationale. Pour illustrer ce qui a changé dans la façon de la traiter, il est intéressant de comparer le *Tableau de la France* que Michelet avait publié en 1832, avec le *Tableau de la géographie de la France* de Paul Vidal de la Blache, paru en 1903, qui constitue le premier volume de l'histoire de France dirigée par Ernest Lavisse [9]. Vidal de la Blache a choisi le titre de son livre pour afficher publiquement sa fidélité à Michelet. Néanmoins, cet intitulé illustre bien le processus de différenciation des fonctions que j'ai mentionné plus haut. Michelet était à la fois historien, écrivain et philosophe. Ses écrits étaient aussi des pamphlets politiques contre ses ennemis du moment, son *Tableau de la France* pouvant être lu comme une sorte de roman, où la France tenait le rôle principal.

Vidal de la Blache se présente avant tout comme un savant. C'est lui qui a fondé la géographie humaine comme discipline scientifique en France. Dans son livre, la France n'est pas un personnage romanesque, c'est un objet d'études ou, comme il le dit lui-même, un « être géographique ». Ce déplacement du regard n'empêche pas que l'on retrouve, dans son étude, les deux aspects privilégiés par Michelet dans sa définition de l'identité nationale. La « mêmeté » de la France tient désormais dans sa physionomie. Pour Vidal de la Blache, ce qui fait son originalité, comparée aux autres nations, c'est la diversité de ses paysages, la multitude des petits « pays » harmonieusement réunis au sein du grand pays. La « physionomie » de la France résulte aussi de son histoire. Les combats que « nos ancêtres » ont livré, de génération en génération, pour transformer la nature ont laissé des traces que l'on peut voir dans le paysage.

Vidal de la Blache forge le concept de « genre de vie » pour décrire ce processus historique. Ce concept permet de souligner la continuité de la France, mais aussi ses transformations puisque chaque génération a contribué à modeler les terroirs français. Bien qu'il se réclame de Michelet, l'auteur rompt avec son illustre prédécesseur au moins sur deux points. Le premier tient au fait qu'il place au centre de sa réflexion les Français et non plus le « personnage France ». La continuité qu'il met en avant pour démontrer l'identité nationale est d'ordre sociologique et non plus littéraire. Vidal de la Blache offre ainsi la première définition sociale de l'identité nationale. À ses yeux, ce sont les paysans qui ont sculpté, depuis la nuit des temps, la physionomie de la France. Ils ont légué à la République le « vieux fonds ethnique » qui a modelé « l'âme française ». Ici, c'est donc l'enracinement dans le monde rural qui explique la permanence de la France [1].

La rupture avec Michelet s'illustre aussi par le fait que Vidal de la Blache abandonne la dialectique révolutionnaire qui sous-tendait le *Tableau de la France*. L'historien de la monarchie de Juillet pensait que la France ne deviendrait elle-même qu'en *dépassant* ses traditions rurales. Vidal de la Blache estime, au contraire, que la France républicaine doit *conserver* ce passé. Défendre l'identité nationale, c'est désormais lutter contre la menace intérieure que représente le monde industriel et

1. Cette période est décisive dans la différenciation du vocabulaire. Le mot « race » est accaparé par l'anthropologie et la médecine ; les termes ethniques sont inventés et monopolisés par les sciences humaines ; « nationalité » s'impose dans le droit. C'est pendant l'affaire Dreyfus que les mots « antisémitisme », « racisme » et « xénophobie » font leur apparition dans la langue française.

contre la menace extérieure que constitue l'Allemagne. La nouvelle norme d'autonomie de la science explique que Vidal de la Blache ait pris soin, dans ce livre, de ne pas alimenter le discours revanchard anti-allemand. Néanmoins, son but explicite est d'élaborer une science géographique française mobilisée contre la science géographique allemande, incarnée à cette époque par Friedrich Rätzel. La notion de « genre de vie » a été explicitement forgée pour rejeter le déterminisme physique et ethnographique défendu par ce dernier.

À l'encontre des essayistes qui ont fait de Renan le père fondateur de la définition républicaine de la nation, il faut souligner que les historiens de la « nouvelle Sorbonne » ont explicitement pris leurs distances à l'égard de la génération précédente. Renan, Taine et même Michelet sont disqualifiés parce qu'ils ne sont pas considérés comme de véritables savants. Ils sont vus comme des généralistes, des « littérateurs » individualistes qui n'ont jamais fait partie d'une communauté de chercheurs et qui n'ont pas eu d'élèves. L'opposition entre spécialistes et généralistes devient un enjeu majeur des luttes entre les diverses fractions de l'élite à la fin du XIXe siècle. Elles sont confortées sur le plan institutionnel par le renforcement du clivage entre la « nouvelle Sorbonne » et l'Académie française. Cette dernière institution a été étroitement liée à la construction de l'État français depuis le XVIIe siècle. Les académiciens se présentent comme les gardiens de la mémoire nationale et donc les garants de l'identité française. Dissoute par les révolutionnaires de 1789, qui la dénonçaient comme une « aristocratie littéraire », l'Académie a été finalement utilisée par la IIIe République pour imposer son hégémonie dans les milieux culturels.

À partir de cette époque, le mot « historien » acquiert un double sens. Pour les uns, il désigne l'ensemble des personnalités (universitaires, écrivains, journalistes, membres des professions libérales, hauts fonctionnaires, hommes politiques, etc.) qui publient des livres sur le passé de la France. Pour les autres, il désigne une profession universitaire, un métier qui combine l'enseignement de l'histoire et la recherche spécialisée. Néanmoins, il faut souligner que les universitaires qui ont joué un rôle essentiel dans ce processus d'autonomisation de la recherche historique ne s'appliquent pas à eux-mêmes les règles qu'ils imposent à leurs étudiants (comme l'a bien vu, dès cette époque, Charles Péguy). Professeur à la Sorbonne, Ernest Lavisse est, lui aussi, membre de l'Académie française, ce qui illustre parfaitement les liens qui existent entre les deux milieux [1].

Maurice Barrès et Jean Jaurès : nationalisme et patriotisme

Pour donner une idée plus concrète de l'affrontement entre la droite et la gauche sur la définition de l'identité nationale, je voudrais évoquer rapidement les polémiques qui ont opposé Maurice Barrès et Jean Jaurès à ce sujet.

À travers ses activités d'écrivain, de journaliste et de politicien, Maurice Barrès a élaboré la version conservatrice de l'identité nationale, axée sur le thème de la « terre et des morts », version que la droite républicaine défendra jusqu'à la Seconde Guerre mondiale. On peut la qualifier de « nationaliste », en écartant tout jugement de valeur, puisque Barrès lui-même revendiquait ce terme.

1. Les normes scientifiques deviennent ainsi un enjeu de luttes internes à la discipline historique. Ceux qui sont au sommet de l'échelle ont souvent tendance à s'en affranchir pour pouvoir accéder à la consécration académique [10].

Le point le plus important et le plus constant de cette approche tient au fait qu'elle repose sur un diagnostic extrêmement pessimiste sur l'avenir de la France. « Notre pays » risque de disparaître parce qu'il est menacé par l'Allemagne. Tel est le point de départ de toute l'analyse de Barrès. La menace est aggravée par le fait que les Français sont mal armés pour y faire face car ils ne s'entendent pas entre eux. « Notre mal profond, c'est d'être divisés, troublés par mille volontés particulières, par mille imagination individuelles. [11] »

Pour lutter contre ce péril mortel, il faut donc trouver un moyen de rassembler les Français. Mais, ajoute Barrès, « comment faire si nous n'avons pas de la France une définition et une idée commune » ? Définir ce qu'est vraiment l'identité nationale est donc, dans cette perspective, un enjeu vital qui commande tous les autres. À partir de l'affaire Dreyfus, Barrès va consacrer une grande partie de son œuvre à peaufiner sa conception de l'identité nationale. Il reprend à son compte la vulgate républicaine empruntée à Michelet en affirmant que la France n'est pas une race mais le produit d'une histoire commune. C'est ce passé collectif qui a créé un « sentiment national » consolidé de génération en génération. L'importance fondamentale que Barrès attribue à la religion catholique (qu'il a « redécouverte » à la fin des années 1880, au moment où il bascule vers le nationalisme) s'explique tout d'abord par des raisons conjoncturelles (nous sommes à un moment où le clivage entre le camp laïque et le camp catholique est une donnée fondamentale de la politique française). Mais Barrès mobilise aussi la religion catholique parce qu'elle apparaît comme un facteur de permanence et de continuité historique, au moins depuis le baptême de Clovis, en 496.

Barrès ajoute au critère religieux le critère social incarné par les paysans. Cette référence s'explique, là aussi, par des raisons de politique conjoncturelle. La majorité des Français vivent à cette époque dans le monde rural. En flattant cette dimension de l'identité nationale, les conservateurs cherchent à la mobiliser contre la France industrielle. Mais la référence aux paysans permet aussi d'alimenter le discours sur les « racines », sur la permanence de la nation à travers les générations. Ceux-ci nous ont transmis des « manières d'être et de sentir » qui ont cimenté « notre personnalité collective ».

Barrès ajoute que la continuité de la France est assurée par la chaîne qui relie les vivants et les morts. L'un de ses principaux arguments, emprunté aux psychologues de son temps, mais aussi aux historiens, réside dans l'affirmation que « le mort tient le vif », le passé pèse sur le présent comme l'inconscient comprime la liberté de l'individu. Cette thèse déterministe explique l'importance accordée par Barrès aux commémorations. Il prône le « culte des morts et de la terre où ils ont vécu et souffert, de la religion de la patrie ». Il défend toutes les institutions qui ont fait la « vraie France [12] » (l'Église, l'Académie française, l'armée, etc.) et forge le mythe de la Lorraine comme symbole de la nation tout entière. Selon lui, en effet, la Lorraine incarne à la fois la menace mortelle qui pèse sur la France, suite à l'annexion allemande, et le combat ancestral contre cette menace (Jeanne d'Arc). Cette définition de l'identité nationale lui permet de se donner le beau rôle. Étant lui-même originaire d'une petite commune vosgienne (Charmes), il incarne mieux que tout autre l'identité française.

L'importance que Barrès accorde aux émotions lui permet de placer le débat sur le terrain de l'amour et de la haine et non de l'argumentation. Il n'hésite pas à affirmer que « la haine du voisin » est un puissant élément du sentiment national. « Tout étranger installé sur notre territoire, alors même qu'il croit nous chérir, hait naturellement la France éternelle, notre tradition. » Chez Barrès, l'identité nationale se définit donc contre l'étranger « qui n'aime pas la France ».

Les attaques contre les ennemis de l'intérieur constituent l'autre dimension fondamentale de cette définition nationaliste. La première cible de Barrès, ce sont les travailleurs étrangers, déjà nombreux à cette époque, et contre lesquels il élabore son programme lors des élections législatives de 1893, en reprenant à son compte les thèses protectionnistes et xénophobes du camp boulangiste. On trouve ici l'un des arguments constants dans le discours nationaliste, qui consiste à *inverser* la relation de domination. Les immigrés constituent le groupe social le plus pauvre et le plus exploité du pays. Mais Barrès les présente comme des dominants, des privilégiés, qui prennent le travail des Français. Pendant l'affaire Dreyfus, il élargit sa cible en s'attaquant à ceux qui ne sont pas, à ses yeux, de « vrais » Français. Il s'en prend ainsi vivement à Émile Zola, fils d'un ingénieur vénitien, qui défend Dreyfus car il est incapable de penser comme un Français, en raison de ses origines.

Le même raisonnement est appliqué aux Juifs. Pour Barrès, eux non plus ne sont pas de vrais Français. À ses yeux, c'est la preuve suprême que Dreyfus est coupable. Exploitant toutes les ressources qu'offre la rhétorique de l'inversion, il présente les victimes de l'antisémitisme comme des agresseurs. « Déguisés en républicains », les « agents juifs allemands » traquent « nos religieux ». C'est pourquoi, ajoute Barrès, si elle ne défend pas son « identité nationale », la France va connaître le sort de la Russie, qui est en train de sombrer, car elle est « infestée par les Juifs ». Barrès mobilise ainsi un argument qui lui permet de contester la gauche sur le terrain social. Il prend en effet la défense du « menu peuple contre le peuple gras », en s'attaquant aux banquiers juifs. Dans son discours, le Juif est utilisé comme équivalent général de « tout ce qui menace, tout ce dont on a inconsciemment peur, dont on voudrait se défendre », ce qui permet de le rendre responsable de tous les problèmes des Français.

Les préjugés raciaux ne sont pas absents de la définition barrésienne de l'identité nationale. Mais à l'époque, la question coloniale n'est pas encore un enjeu politique majeur. C'est pourquoi le « racisme » de Barrès (outre sa dimension antisémite) prend la forme d'une opposition entre la France de l'Est et celle du Midi. Le thème de la renaissance latine exaltant les valeurs catholiques des Latins contre les protestants anglo-saxons s'accompagne en effet de références raciales visant à stigmatiser le « vilain Midi », comme disait Alphonse Daudet. Barrès exploite cette thématique en présentant la politique du Bloc des gauches (qui a gagné les élections de 1902) comme l'expression d'un affrontement racial entre les gens de l'Est et les gens du Sud, qui ne peuvent pas se comprendre car ils sont nourris d'un sol différent. Jaurès est ainsi présenté comme la cheville ouvrière du « grand complot méridional » contre les provinces de l'Est. C'est ce qui explique son combat « frénétique » contre l'armée. Cette lecture déterministe et raciale de l'histoire de France explique que, pour Barrès, l'assimilation est impossible. Il condamne donc avec force la politique de naturalisations pratiquée par la IIIe République depuis 1889.

Parmi les autres ennemis de l'intérieur que dénonce Barrès, il faut mentionner les fonctionnaires. L'exaltation du monde rural est un moyen d'opposer le « pays réel » et le « pays légal », mais c'est aussi un argument pour dénoncer cette politique de naturalisations. Pour Barrès en effet, le droit ne peut pas changer ce que l'histoire a fait. C'est pourquoi l'identité française ne peut pas s'enrichir des apports étrangers.

L'ennemi intérieur, c'est aussi « l'intellectuel », c'est-à-dire le raisonneur qui passe son temps à dénoncer l'armée, contribuant ainsi à affaiblir la France. Barrès reproche aux intellectuels dreyfusards de critiquer leur pays, preuve qu'ils ne l'aiment pas. La plupart d'entre eux sont des boursiers, ces monstres engendrés par la démocratie, qui ne respectent rien. Ils forment une petite élite, déracinée et frustrée, qui vit dans ses livres à l'écart du pays réel et excite le peuple pour défendre ses propres intérêts. Ils sont les premiers responsables de la décadence de l'enseignement républicain, car ils endoctrinent des instituteurs désormais incapables de former moralement la jeunesse.

La dénonciation des ennemis intérieurs de la France culmine avec la mise en cause de la gauche. Les anarchistes, les ouvriers grévistes et les manifestants soutenus par les socialistes contribuent à détruire la France. Aux yeux de Barrès, tous ceux qui portent atteinte, d'une manière ou d'une autre, au consensus national affaiblissent la nation française et font donc le jeu de l'ennemi. C'est pourquoi Barrès s'oppose frontalement à Jean Jaurès, le leader du parti socialiste (SFIO), en lui reprochant d'attiser la lutte des classes.

Au cours de la même période, Jean Jaurès s'est efforcé d'élaborer une version de l'identité nationale prolongeant la perspective patriotique née à l'époque du « printemps des peuples », dans la première moitié du XIXe siècle. Deux caractéristiques doivent être soulignées. La première tient au fait que la question nationale n'est pas placée au centre de son programme politique, car elle est subordonnée à la question sociale. Selon lui, la crise que traverse la France s'explique d'abord par les injustices d'ordre économique, par l'exploitation patronale qui réduit les ouvriers à la misère. En conséquence, Jaurès plaide pour une nouvelle révolution, mais par des voies pacifiques. Au pessimisme barrésien, Jaurès oppose une vision relativement optimiste du futur. Mais leurs perspectives s'opposent surtout du fait que Jaurès défend les idéaux laïques contre la religion catholique. Le but suprême de l'éducation est de former des citoyens libres et autonomes, usant de leur raison pour échapper aux dogmes religieux et aux déterminismes que Barrès présente comme des fatalités. La question nationale est pour lui d'autant plus secondaire que, comme son nom l'indique, la SFIO est une organisation internationale qui lutte pour le dépassement des États-nations.

La montée de l'antagonisme franco-allemand va néanmoins contraindre Jaurès à préciser ses vues sur ce sujet. La polémique entre la droite et la gauche se focalise alors sur la question militaire. Porte-parole d'un parti pleinement engagé dans les luttes électorales, il ne peut pas ignorer que « l'identité nationale » préoccupe de plus en plus les citoyens. C'est la raison pour laquelle il critique fermement les positions antimilitaristes de l'extrême gauche. Dans le même temps, il cherche à ramener le thème de la défense nationale sur le terrain privilégié par la gauche, à savoir le terrain social. Dans son livre sur *L'Armée nouvelle*, issu d'un rapport présenté à la Chambre en 1910, Jaurès met l'accent sur la nécessité de démocratiser l'institution militaire [13]. Il estime que l'antagonisme qui existe entre les cadres de l'armée (issus des grandes écoles et des milieux privilégiés) et les simples soldats (issus du peuple) est un facteur d'affaiblissement de la nation. Jaurès s'efforce également de concilier la défense de l'intérêt national avec les idéaux universalistes du mouvement ouvrier en plaidant pour la paix. Il affirme que la France doit renoncer aux sinistres aventures extérieures et aux « illusions chauvines ». Pour mettre un terme à l'engrenage sécuritaire qui risque de déboucher sur une guerre plus terrible que toutes celles que le pays a connues auparavant, il faut prendre appui sur les organisations internationales du monde ouvrier et peser sur l'opinion publique de chaque pays. Jaurès appelle « patriotisme » ce discours de gauche sur « l'identité nationale ». Il s'oppose au nationalisme barrésien, principalement parce qu'il n'est pas mis au service d'un projet « revanchard » et anti-allemand.

Entre le fascisme et le communisme

Le 31 juillet, alors que toute l'Europe vient de décréter la mobilisation générale, l'assassinat de Jaurès par un extrémiste nationaliste sonne le glas des espoirs pacifistes. Les partis socialistes se rallient à « l'Union sacrée ». Trois décennies d'exaltation de « l'identité nationale » ont précipité la France dans la guerre la plus meurtrière de son histoire.

Mais cette guerre n'a rien résolu. Au contraire, elle a eu finalement pour conséquence d'exacerber les antagonismes nationaux et les affrontements entre classe et nation. La victoire des bolcheviks en Russie a rendu crédible, en effet, aux yeux des ouvriers, la perspective d'une révolution communiste mondiale, que Lénine va encourager en fondant la IIIe Internationale, à laquelle se rallie le PCF en 1920. À la même époque, Mussolini triomphe en Italie, ce qui explique les espoirs que l'extrême droite nationaliste place désormais dans le fascisme. Au lendemain de la guerre, la droite républicaine conforte son hégémonie grâce à un nouveau slogan, « L'Allemagne paiera », qui résume toute la philosophie du traité de

Versailles [1]. Le caractère humiliant et, par bien des aspects, contraire au droit international de ce traité sera l'un des arguments majeurs que les nazis vont mobiliser, dans les années suivantes, pour alimenter leur propagande nationaliste et finalement s'emparer du pouvoir en Allemagne.

C'est dans ce contexte que le gouvernement français, mettant à profit « l'Union sacrée », fixe les grandes lignes de sa politique d'immigration « choisie ». La reconstruction de l'industrie est menée à marche forcée, grâce au recrutement de plusieurs millions de travailleurs étrangers, cantonnés dans les secteurs du marché du travail délaissés par les nationaux (agriculture, industrie lourde). Ces immigrants sont aussi introduits pour résoudre la profonde crise démographique que traverse la France à cette époque. C'est la raison pour laquelle les experts préconisent l'introduction d'étrangers qui ne risquent pas « d'altérer la race française », comme on disait à l'époque. L'immigration « choisie » privilégie alors les Italiens et surtout les Polonais (qui ont le mérite d'être blancs et catholiques). Mais les autres (Arméniens, « Levantins », réfugiés fuyant l'antisémitisme, indigènes

1. C'est dans ce contexte qu'est créé, en 1920, le ministère des Pensions, dont l'une des fonctions principales est d'indemniser les anciens combattants, mais que l'on peut considérer aussi comme le premier département ministériel chargé dès l'origine de défendre et de sauvegarder « l'identité de la nation française ». C'est à travers la gestion de l'attribution de la mention « Mort pour la France », l'entretien des nécropoles nationales et l'organisation des cérémonies qu'il a assumé ce rôle. En créant, en 1945, l'Union française des associations d'anciens combattants (UFAC) puis, en 1962, le Commissariat général aux monuments des guerres, le général de Gaulle a renforcé cette mission, comme l'a fait en 1947 François Mitterrand, alors ministre des Anciens Combattants, avec la création du Comité du souvenir et des manifestations nationales puis, en 1982, avec la Commission pour l'information historique [14].

des colonies) sont considérés comme des « indésirables », de « moralité douteuse » (surtout s'ils sont commerçants), que l'on tolère uniquement parce que l'économie française a besoin d'eux [15].

Grâce à cette immigration massive, les radicaux au pouvoir vont réussir à limiter l'exode rural, renforçant du même coup l'antagonisme entre les deux Frances, l'une formée de petits propriétaires enracinés dans le monde rural et l'autre agglutinée autour des grandes usines, dans les cités paternalistes et les banlieues des grandes villes. Le PCF, qui avait été le seul parti à défendre les immigrés et les colonisés dans la décennie antérieure, va capter la confiance de ce prolétariat au cours des années 1930. À la suite des événements du 6 février 1934 [I], la violence de la crise économique et les succès remportés par les partis d'extrême droite dans un grand nombre de pays européens provoquent le regroupement des forces antifascistes. Le clivage entre le pôle national-sécuritaire (droite) et le pôle social-humanitaire (gauche), qui s'était fortement atténué après l'affaire Dreyfus, se reconstitue.

Le Front populaire marque le paroxysme de l'affrontement entre classe et nation.

Le puissant mouvement de grève qui a suivi les élections législatives aboutit aux accords de Matignon. Le rapport de forces leur étant défavorable, les patrons doivent accepter la diminution du temps de travail, les congés payés, et des augmentations de salaire.

Mais la droite et l'extrême droite se remobilisent pour préparer une revanche, qu'ils obtiendront finalement le

I. Le 6 février 1934, les associations d'anciens combattants soutenues par les ligues d'extrême droite organisent une manifestation contre le gouvernement, qui se termine par une tentative d'insurrection ; quinze manifestants sont tués. Les forces antifascistes se regroupent alors pour faire face au danger. C'est le début du processus qui aboutira à la victoire du Front populaire en 1936.

30 novembre 1938. L'échec de la grève générale organisée par la CGT sonne le glas du Front populaire.

Au sein des élites, des néo-pacifistes comme Henri Massis renouent avec les pratiques antidreyfusardes en lançant, avec seize académiciens, le « Manifeste d'intellectuels français pour la défense de l'Occident », afin de protester contre les sanctions que la SDN a infligées à l'Italie (dont les troupes occupent l'Abyssinie, en violation du droit international). La défense de l'identité nationale contre la menace étrangère prend alors une dimension raciale qui s'amplifiera lorsque les mouvements s'opposant à la décolonisation se développeront. Cette agitation nationaliste s'illustre aussi par une recrudescence de l'antisémitisme. L'extrême droite s'acharne désormais sur le nouveau leader de la SFIO, Léon Blum. Pour ses chefs de file, ce n'est plus le « complot méridional » qui menace l'identité française mais le complot « judéo-bolchevique ».

Les grèves et les manifestations ouvrières sont dénoncées en effet comme des manœuvres orchestrés depuis Moscou par les bolcheviks pour mettre la France à feu et à sang. Étant donné que la droite appréhende tous les problèmes sociaux à partir d'une grille de lecture focalisée sur l'intérêt national, les militants ouvriers issus de l'immigration sont présentés comme de mauvais Français, qui ne sont pas assimilés. C'est pourquoi l'un des enjeux majeurs de cette période concerne les naturalisations. La loi sur la déchéance de la nationalité française adoptée pendant la Première Guerre mondiale, et confirmée en 1927, est utilisée par la droite comme un instrument de lutte contre les antifascistes. Plusieurs militants communistes sont ainsi privés de la nationalité française et expulsés ensuite vers « leur » pays d'origine.

À partir de 1938, sous la pression de l'extrême droite, le gouvernement républicain emmené par Édouard

Daladier, qui avait été l'un des principaux dirigeants du Front populaire mais qui a retourné sa veste, est pris dans l'engrenage d'une politique national-sécuritaire qui conduira la IIIe République à sa perte. Cette politique permet de liquider les acquis de mai-juin 1936, mais fait le lit du régime de Vichy [16]. Après la défaite de juin 1940, le maréchal Pétain rompt avec les principes républicains, supprime les libertés démocratiques au nom de la « révolution nationale » et du slogan « Travail, famille, patrie ». Pour la première fois dans l'histoire contemporaine de la France, l'État crée un organisme chargé de la question identitaire. Le Commissariat général aux questions juives mettra en œuvre la législation raciale adoptée à l'égard des Juifs de France, jouant un rôle majeur dans la déportation de plusieurs dizaines de milliers d'entre eux.

II. L'éternel retour de « l'identité nationale »

La victoire des Alliés a ouvert une nouvelle époque dans l'histoire des usages publics de l'identité nationale. En 1945, les discours xénophobes et antisémites qui avaient servi aux régimes totalitaires pour légitimer leur domination sont massivement rejetés. Avec le retour de la croissance et l'internationalisation des échanges, un vent d'optimisme souffle sur le monde capitaliste. Dans une grande partie de l'opinion, les références à la nation sont alors considérées comme obsolètes. Mais à partir des années 1980, le retournement de la conjoncture provoque une nouvelle inversion de tendance. L'immigration et « l'identité nationale » redeviennent des thèmes majeurs dans le discours de la droite et de l'extrême droite. C'est cette mutation que je vais tenter de décrire dans ce chapitre.

Le nationalisme discrédité

L'effondrement des régimes d'extrême droite qui ont conduit l'Europe à la ruine explique la brutale marginalisation des discours nationalistes et racistes. La Déclaration universelle des droits de l'homme, adoptée par l'ONU en 1948, consacre, sur le plan international, les valeurs humanistes qui avaient été défendues auparavant surtout par la gauche.

Cela ne signifie pas pour autant que les propos exaltant la nation aient subitement disparu de la scène politique. Au contraire. Dans l'immédiat après-guerre, on peut même dire qu'en France un consensus s'installe entre la droite gaulliste et la gauche communiste pour magnifier l'identité française à travers la commémoration de la Résistance. Le PCF capte à son profit les sentiments de fierté nationale que le combat contre l'occupant a exacerbés. La dénonciation de l'impérialisme américain permet de conjuguer un discours de classe et un discours national au sein d'un projet politique dominé par un fort protectionnisme économique. Néanmoins, ces propos nationalistes sont intégrés dans une matrice qui privilégie toujours la lutte des classes et le combat antipatronal. Même si, comme le montrent amplement les archives, l'hostilité à l'égard des étrangers reste forte dans une fraction des classes populaires, les professionnels de la politique refusent désormais de l'exploiter, pour ne pas réveiller les passions malsaines qui ont ruiné l'Europe. Les élites dirigeantes s'imposent alors une discipline collective qui permettra de marginaliser les organisations d'extrême droite jusqu'au début des années 1980.

Une autre grande caractéristique de cette période tient au fait que le clivage principal entre « eux » et « nous » se déplace de la scène européenne vers la scène coloniale. Dans leur immense majorité, les Français sont toujours intimement convaincus que les races existent et que les Blancs sont supérieurs aux autres. Ce type de préjugés est même diffusé par d'éminents professeurs, comme André Siegfried, académicien et président de la toute nouvelle Fondation nationale des sciences politiques. Ils servent à justifier le maintien de la domination coloniale, en présentant ceux qui luttent pour l'indépendance de leur pays comme des barbares et des « terroristes » coupés de leur peuple. Les attentats commis par les membres du FLN en réponse aux massacres de masse perpétrés par l'armée française en Algérie sont largement exploités par la presse. L'Algérien remplace alors l'Allemand comme figure incarnant la menace qui pèse sur la France.

Néanmoins, la guerre d'Algérie va aussi jouer un rôle essentiel dans le développement du combat anticolonialiste, car la grande majorité des Français répugnent à participer à une guerre qui a pour seule finalité de défendre les privilèges des colons. C'est ce qui explique la popularité croissante, au moins dans une partie de l'opinion, du discours antiraciste, porté par des militants qui font la jonction entre la lutte contre le régime de Vichy et la lutte contre la république coloniale. C'est à ce moment-là que Jean-Paul Sartre élabore sa définition marxiste du racisme, vu comme une idéologie insufflée par le capitalisme dans le but de diviser la classe ouvrière et justifier l'exploitation de l'homme par l'homme. L'immigration commence, dès les années 1950, à être appréhendée comme une forme de domination coloniale à l'intérieur de l'Hexagone.

La fin de la guerre d'Algérie ouvre une période de très forte croissance économique et le début de l'ère de paix dans laquelle vivent encore les Français d'aujourd'hui. C'est seulement à partir de cette date que les valeurs universalistes proclamées au lendemain de la Seconde Guerre mondiale se diffusent largement dans toute la société, servies par une nouvelle phase de croissance du capitalisme. Comme cela avait déjà été le cas un siècle plus tôt, l'euphorie libérale alimente une vision optimiste de l'avenir. Les débuts de la société de consommation assurent le plein emploi et de réelles possibilités d'ascension sociale pour un grand nombre de citoyens. Le développement de l'État-providence entraîne une forte extension du secteur public dans le domaine de la santé, de l'éducation et de la culture. Ces mutations économiques provoquent de profonds bouleversements de la composition de la population active. Le plus important tient dans l'effondrement du nombre des paysans. Le milieu social qui avait porté le discours antérieur sur l'identité nationale est désormais marginalisé au profit d'une classe ouvrière industrielle qui a conquis sa dignité grâce au PCF et surtout d'une nouvelle « classe moyenne » composée de cadres, d'enseignants et de fonctionnaires.

La « fin des paysans » s'illustre aussi par une brutale accélération de l'exode rural et par une très forte croissance de la population urbaine. En construisant, à marche forcée, les « grands ensembles » qui structurent aujourd'hui les nouvelles banlieues, la France rattrape en quelques décennies le retard qu'elle avait accumulé sur le plan de l'urbanisation par rapport aux autres grands pays européens. Parmi les nouveaux problèmes que ces mutations brutales de la société française ont fait surgir au cours des années 1960-1970, on peut citer le développement de la « délinquance juvénile ». C'est à ce moment-là qu'une nouvelle catégorie sociale qu'on appelle les « jeunes » (15-25 ans) commence à faire parler d'elle. Sa visibilité est puissamment accrue par le prolongement de la scolarité, par le triomphe de la société de consommation et des modes de vie urbains.

La croissance économique des années 1960 et du début des années 1970 explique aussi la très forte reprise de l'immigration. Bien que la péninsule ibérique ait contribué presque autant que le Maghreb à alimenter ces nouveaux flux migratoires, ce sont surtout les travailleurs algériens qui focalisent l'attention. Le traumatisme de la guerre d'Algérie est encore extrêmement vif dans la mémoire collective. Ceci d'autant plus que, désormais, les protagonistes de ce conflit colonial (anciens combattants du FLN, harkis et pieds-noirs) vivent bien souvent dans les mêmes localités du sud de la France. Le ressentiment des anciens colons qui ont été dans l'obligation de quitter l'Algérie est exploité par les groupuscules d'extrême droite, comme l'OAS, qui alimentent les discours racistes, multiplient les attentats et les agressions contre les travailleurs algériens. Mais ces actions spectaculaires restent confinées dans les marges du monde politique, car elles suscitent la réprobation de l'opinion publique. On peut même dire que la violence de l'extrême droite à l'égard des immigrés a largement contribué au triomphe des valeurs antiracistes légitimées au niveau international par les programmes éducatifs mis en œuvre par l'UNESCO.

Les événements de Mai 68 peuvent être vus comme une irruption sur la scène publique des nouvelles valeurs qui ont germé au cours des années précédentes. Ils marquent aussi l'entrée dans l'âge adulte de la génération née après la Seconde Guerre mondiale, modelée par des références culturelles qui ne sont plus nationales mais fabriquées et véhiculées par le capitalisme américain. Le chewing-gum, le Coca-Cola, les films concoctés à Hollywood et surtout la musique « pop » diffusée par une industrie du disque en pleine expansion (Elvis Presley, Bob Dylan, les Beatles, etc.) pénètrent dans tous les foyers français. En quelques décennies, le capitalisme réussit ainsi à faire triompher un système de normes et de références qu'aucun État autoritaire n'aurait pu imposer par la force. L'extension du marché des loisirs crée les conditions matérielles du nouvel universalisme qui s'impose alors. Tous ceux qui ont baigné, depuis leur naissance, dans le monde dominé par la consommation de masse partagent des références communes, ce qui atténue les clivages nationaux et aussi (dans une certaine mesure) les clivages sociaux, tout en renforçant le clivage de générations. Alors que leurs parents avaient été socialisés dans un univers de marchandises produites par et pour le marché national (depuis la réclame « Y'a bon Banania » jusqu'au bal musette), la nouvelle génération écoute du rock'n'roll et boit du Coca-Cola.

On retrouve ici le problème que j'ai évoqué dans le chapitre précédent en abordant la question fondamentale, mais généralement ignorée, du rôle joué par le développement des échanges marchands dans la diversification des affiliations identitaires. La force du capitalisme tient au fait que ses produits pénètrent dans la vie quotidienne. Ils deviennent des objets familiers que les individus-consommateurs s'approprient et auxquels ils tiennent tout simplement parce qu'ils sont entrés dans leur vie. Ils ont accompagné leurs désirs, leurs amours, leurs souffrances, et aussi leurs révoltes. Les marchandises sont comme les matériaux à partir desquels les individus élaborent leur propre langage. Ce qui explique que ces références communes puissent alimenter des discours politiques contradictoires.

Le succès de l'industrie culturelle américaine tient au fait qu'elle a su à la fois capter et modeler des dispositions propres à la jeunesse, qu'il faut rattacher aux relations de pouvoir inhérentes à la structure familiale dans les sociétés occidentales. Pour devenir eux-mêmes des adultes autonomes, les adolescents doivent s'émanciper de la tutelle parentale, ce qui les rend particulièrement réceptifs aux discours de révolte. La politisation de ces dispositions s'est effectuée, dans les années 1960, avec la mobilisation du monde étudiant contre la guerre du Vietnam. Tout comme cela avait été le cas en France avec la guerre d'Algérie, la jeunesse américaine refuse alors de s'engager dans un combat qui n'est pas le sien.

Les événements de Mai 68 vont exprimer et amplifier cette humeur libertaire et pacifiste. Les nouvelles organisations d'extrême gauche qui émergent à ce moment-là se mobilisent pour défendre le prolétariat révolutionnaire, mais aussi pour des causes que le mouvement ouvrier classique avait négligées, notamment le féminisme, le régionalisme et l'antiracisme. Le point commun de ces luttes tient au fait qu'elles remettent au premier plan les questions identitaires, discréditées depuis la Seconde Guerre mondiale. Mais l'extrême gauche inverse le discours de l'extrême droite. Les identités qui étaient stigmatisées sont désormais valorisées. C'est dans ce contexte que l'expression « identité nationale » commence à se répandre dans le vocabulaire politique français. Il semble qu'elle ait été élaborée, au départ, par des universitaires américains. L'historien Philip Gleason a montré que le terme « *national identity* » s'était imposé en sciences sociales, dans les années 1950, sous l'influence notamment du psychanalyste Erik Erikson. À cette époque, les intellectuels progressistes plaident encore pour l'assimilation des immigrants, contre une droite qui les rejette. Le terme « *national identity* » est utilisé pour décrire et encourager le processus d'« *americanization* » grâce auquel les immigrants sont invités à se fondre dans le « creuset américain » [1].

Mais au cours des années 1960, avec la politisation des campus, une nouvelle génération d'universitaires récuse cette perspective assimilationniste. Ils s'emparent de l'expression « *national identity* » à la fois pour dénoncer la culture nationale américaine dominante et exalter les identités dominées. Ce militantisme prolonge le combat antérieur de libération nationale contre les puissances coloniales. Il renoue avec les mouvements de la première moitié du XIXe siècle, à l'époque du « printemps des peuples ». L'objectif est de permettre à toutes les « cultures » d'être reconnues officiellement. Le mouvement « *Black is beautiful* » illustre la volonté de réhabilitation et les liens établis avec le combat antiraciste, la défense de l'ethnicité et du multiculturalisme. La nouvelle génération contestataire remet en cause, dans le même temps, l'ancien principe d'objectivité de la science en montrant qu'il a servi directement ou indirectement à cautionner le nationalisme.

En France, le même processus démarre à partir de Mai 68. Les porte-parole des nouveaux mouvements sociaux s'engagent dans une critique massive des présupposés de l'historiographie de la France imposée par la IIIe République. Les historiens ne cherchent plus à démontrer, désormais, ce qu'est « vraiment » l'identité nationale. Ils s'efforcent plutôt de comprendre comment elle s'est construite, comment elle a été « inventée » et imposée par les vainqueurs de l'histoire au détriment des vaincus. Dans le même temps, on constate un puissant mouvement de réhabilitation des identités collectives dominées. Les militants qui luttent pour la libération de la Corse, de la Bretagne, de l'Occitanie, etc., se présentent comme les porte-parole de « nations opprimées » qui ont été victimes du colonialisme français (on pourrait même dire « francilien ») et qui revendiquent que leur « identité nationale » soit reconnue officiellement.

La même logique sous-tend l'action des mouvements qui s'engagent dans le « devoir de mémoire ». L'extermination des Juifs par les nazis et leurs alliés fait alors l'objet d'une nouvelle grille d'interprétation. Alors que les individus qui avaient vécu ces persécutions refusaient d'être définis publiquement à partir du critère de l'origine ou de la religion, la génération suivante se lance dans un combat visant à réhabiliter l'identité stigmatisée. Le même processus se rencontre dans les autres groupes ayant subi des persécutions massives, comme les Arméniens. Mais ce militantisme identitaire gagne aussi les mouvements qui défendent les ouvriers étrangers. L'expression « travailleur immigré » qui s'impose à ce moment-là illustre bien la double dimension du combat que mène l'extrême gauche. Sous l'influence du marxisme, elle parle au nom du nouveau prolétariat que les partis de gauche (et surtout le PCF) ont abandonné. La défense du « multiculturalisme » devient, dans le même temps, l'une des dimensions centrales du combat postcolonial dénonçant les pratiques « assimilationnistes » de l'État français. Les violences commises par les groupuscules d'extrême droite et les rixes entre ouvriers français et immigrés sont vues comme autant de preuves que le racisme ne cesse de monter en France. Ces militants d'extrême gauche, en majorité étudiants et universitaires, popularisent le thème du « racisme ordinaire », focalisant leur critique sur les petits patrons et les commerçants.

Paradoxalement, la politisation de la question du racisme se produit à un moment où l'internationalisation des échanges (illustrée surtout par l'universalisation des références musicales, cinématographiques et sportives), le développement du tourisme et les progrès de l'éducation civique provoquent un recul massif des préjugés anciens sur les races et les civilisations. Dans les années qui suivent Mai 68, l'antiracisme devient une donnée du sens commun. C'est ce qui explique que la loi visant à réprimer les actes racistes et xénophobes ait été votée à l'unanimité le 1er juillet 1972.

Il est important de souligner qu'au cours des années 1960-1970 toutes ces causes sont vues comme complémentaires et sont reliées au combat que mène le mouvement ouvrier au nom de la lutte des classes. C'est en s'appuyant sur ces aspirations que la gauche socialiste et communiste va parvenir, au cours des années 1970, à reconstituer le pôle social-humanitaire qui était devenu hégémonique en 1936, avant de s'effondrer. La victoire de François Mitterrand aux présidentielles de mai 1981 peut être vue comme l'aboutissement de ce processus.

Au cours de cette période, la question de l'identité nationale et de l'immigration fait donc l'objet d'une repolitisation, mais sous l'égide de la gauche et de l'extrême gauche. La droite préfère rester silencieuse, car ses dirigeants ne veulent pas polémiquer sur des sujets qui permettraient de rappeler la part que certains d'entre eux ont prise dans la montée du nationalisme antisémite à partir des années 1930. Par ailleurs, nous sommes à une époque où le grand patronat a un besoin vital des travailleurs immigrés. Il faut donc éviter d'alimenter les stéréotypes négatifs à leur endroit. C'est pourquoi, au cours de cette période, le discours sécuritaire (illustré par la dénonciation du « péril jeune » : les blousons noirs, les loubards, etc.) n'est pas connecté au thème de l'immigration.

Pour l'extrême droite, c'est la traversée du désert. Le rassemblement de la droite radicale autour de Jean-Louis Tixier-Vignancourt en 1965 permet de réactiver les thèmes nationalistes classiques, mais sa campagne est peu relayée par la presse et encore moins par la télévision. Les événements de Mai 68 marquent néanmoins un nouveau départ. C'est à ce moment-là qu'est fondé le GRECE (Groupement de recherche et d'études pour la civilisation européenne), petit réseau d'intellectuels qui se donnent pour but de fournir aux partis de droite des arguments afin de lutter contre l'hégémonie de la gauche sur les questions identitaires. En 1974, un groupe de hauts fonctionnaires désireux de développer les passerelles entre la droite et l'extrême droite fonde le Club de l'Horloge.

Dans le même temps, les militants se réorganisent. Celui qui avait été le secrétaire du comité Tixier-Vignancourt, Jean-Marie Le Pen, crée le Front national en 1972. Déjà, lors de son premier congrès (1973), il affirme sa volonté de lutter contre les immigrés, car ceux-ci vont « changer la nature du particularisme de la nation française ». Son programme place au premier rang de ses préoccupations la volonté de « défendre les Français » contre les étrangers et dénonce le « racisme anti-français ». La même année, un autre groupuscule d'extrême droite, Ordre nouveau, organise un meeting autour du mot d'ordre : « Halte à l'immigration sauvage » [2].

Le retournement des années 1980

La réappropriation par la droite du thème de l'identité nationale a commencé à la fin des années 1970, au moment où Valéry Giscard d'Estaing a lancé sa politique de rapatriement massif des immigrés, en la ciblant sur les travailleurs algériens [3]. La gauche et l'extrême gauche mettent à profit la position hégémonique qu'elles occupent sur cette question pour enfoncer le clou. Ses dirigeants dénoncent la politique des « retours forcés » pratiquée par le secrétaire d'État aux Travailleurs immigrés, Lionel Stoleru, et par le ministre de l'Intérieur, Christian Bonnet. Pour la gauche, il s'agit là d'une nouvelle preuve de la politique « raciste » développée par le gouvernement de droite. Ces mesures provoquent un vaste mouvement de solidarité avec les immigrés, mouvement qui rassemble, au-delà des partis de gauche, les associations humanitaires et les Églises.

Le travail accompli depuis plusieurs années pour populariser les thèses de la nouvelle droite dans l'opinion publique débouche sur la création en 1978 du *Figaro magazine*, dirigé par Louis Pauwels. Dès le départ, cet hebdomadaire se donne comme objectif de lutter contre l'hégémonie des intellectuels de gauche, qui avaient le vent en poupe depuis 1968 [1]. Néanmoins, jusqu'en 1981, ces grandes manœuvres ont peu d'impact sur le plan politique. Mais la victoire de François Mitterrand va bouleverser la donne.

Le triomphe de l'information-spectacle...

Pour comprendre la brutalité et la radicalité du changement de discours sur l'immigration qui se produit à ce moment-là, il faut commencer par dire un mot sur les mutations qui ont affecté les milieux de la communication au cours de cette période. La libéralisation de l'information audiovisuelle, inaugurée par la gauche et développée ensuite par la droite, a eu des effets comparables à la libération de la presse par la IIIe République en 1881. D'un côté, elle a permis une réelle démocratisation de ce milieu. La multiplication des radios « libres » et la diversification de l'offre en matière de télévision ont créé les conditions d'une véritable concurrence sur le marché de l'information. Les progrès techniques, principalement le développement d'Internet, ont donné aux citoyens de nouvelles possibilités d'expression.

Mais cette diversification de l'offre s'est accompagnée, dans le même temps, d'un renforcement des monopoles centraux. La concentration de l'audiovisuel entre les mains de puissants groupes financiers, souvent extérieurs au départ au monde de la communication (c'est le cas de

1. Dans son numéro du 21 octobre 1978, *Le Figaro magazine* claironne triomphalement : « Les intellectuels ne sont plus à gauche. » Même si le mouvement était en marche, c'était aller un peu vite en besogne.

Bouygues, numéro 1 mondial du BTP et aujourd'hui actionnaire principal de TF1) a entraîné une dépendance accrue de ce milieu face aux puissances d'argent. Un grand nombre d'ouvrages ont mis en lumière les conséquences désastreuses de ce processus, aujourd'hui mondial, pour la liberté de l'information et ses effets négatifs sur la presse écrite [4]. À présent, en effet, c'est la télévision qui joue le rôle essentiel dans la fabrication du sens commun. En raison des contraintes de l'audimat, plus que jamais, ce sont des critères d'ordre commercial qui déterminent la sélection quotidienne des informations. La tendance à privilégier les événements qui mettent en scène la violence et la mort, déjà très perceptible dans la presse de masse à la fin du XIXe siècle, s'est considérablement accentuée avec le triomphe de l'information télévisée.

Les journalistes des grandes chaînes doivent assurer le spectacle chaque soir avec des images qui choquent. Mais, pour « booster » l'audimat, ils doivent également conforter le « nous » de leur public au détriment de ceux qui n'en font pas partie. Des études ont montré que les deux tiers des Français se nourrissaient des informations télévisées pour forger leur opinion politique [5]. La télévision s'adresse donc à des individus qui appartiennent à toutes les couches de la société, et à tous les courants politiques. C'est pourquoi les contraintes de neutralité apparentes se sont considérablement renforcées par rapport à l'époque où dominait la presse écrite. On constate néanmoins que le public des journaux télévisés est plus âgé, plus familial, plus populaire et plus sédentaire que la moyenne. Il apprécie donc particulièrement les faits divers, les discours sécuritaires et les reportages qui valorisent le « nous » français.

Lorsqu'on a présents à l'esprit les deux grandes contraintes qui pèsent sur le journalisme audiovisuel (diffuser des images de violence spectaculaire et caresser le public dans le sens du poil), on comprend mieux pourquoi, depuis vingt-cinq ans, les informations télévisées ont privilégié trois grands sujets : la guerre dans les pays du Moyen-Orient, le terrorisme islamiste et la délinquance des jeunes de banlieue. Le point commun entre les trois sujets, c'est évidemment qu'ils permettent de mettre en scène la violence qui assure l'audience. Mais les journalistes qui fabriquent ces reportages ne peuvent pas reconnaître publiquement que leur choix est guidé par l'obsession de l'audimat. Ils sont obligés de justifier leur travail en avançant des arguments « nobles », c'est-à-dire politiques, en cherchant à établir des liens de cause à effet entre des événements disparates.

C'est la raison majeure qui explique, à mon avis, pourquoi les médias persistent à mettre en relation la violence des jeunes dans les quartiers populaires et l'immigration. Avant la Seconde Guerre mondiale, les journalistes de la presse écrite avaient souvent placé l'immigration à la une de l'actualité. Mais les discours sécuritaires se focalisaient alors sur la première génération d'étrangers, car les « jeunes » n'étaient pas une catégorie sociale visible. Au cours des années 1960, lorsque ceux-ci ont été mis au centre du débat public, le discours sécuritaire s'est focalisé sur eux, mais en « oubliant » l'immigration (pour les raisons exposées plus haut). La principale innovation de la période qui a débuté au cours des années 1980 tient donc à la connexion que les médias ont établie entre « jeunes » et « immigrés ». Mais pour que le lien entre l'actualité internationale, le terrorisme et l'actualité sociale puisse apparaître évident aux yeux du plus grand nombre, il a fallu désigner ces jeunes à partir de leur origine et établir une équivalence entre « Arabe » et « musulman ».

L'antagonisme franco-allemand qui avait structuré le récit d'actualité entre 1870 et 1945 a ainsi été remplacé par un nouveau discours où le « nous » français apparaît désormais constamment opposé aux « eux » islamistes [I]. Le mot « communautarisme » s'est rapidement imposé pour nommer la nouvelle menace, fonctionnant comme une grille de lecture que les journalistes pressés par l'actualité peuvent facilement remplir chaque jour. Les musulmans sont ainsi apparus comme de nouveaux barbares, qui passent leurs journées à s'entre-tuer, fomentent des attentats terroristes, brûlent les voitures, dirigent le trafic de drogue, imposent le foulard islamique à leur sœur et violent les autres filles des cités [II].

Cette nouvelle façon d'opposer « eux » et « nous » a fortement contribué à la stigmatisation de ces jeunes. Comment ne pas se sentir humilié, en effet, lorsque chaque soir le groupe social auquel vous vous identifiez est présenté sous un jour aussi négatif ? Un grand nombre d'études sociologiques ont montré que ce sentiment collectif d'humiliation, alimenté aussi par d'autres causes (notamment le chômage et le harcèlement policier), a joué un rôle très important dans la montée de la violence, car lorsqu'une société ne vous donne aucune possibilité de répondre à ceux qui vous traînent dans la boue, la violence physique est la seule manière de défendre sa dignité.

Néanmoins, il faut insister sur le fait que le triomphe de la communication audiovisuelle a aussi provoqué un

I. Le fait que la France ait été partie prenante de la guerre du Golfe, même s'il s'agissait d'une guerre à distance, puis les attentats qui se sont produits en France, perpétrés par des islamistes intégristes, ont puissamment contribuer à réactiver cette opposition entre « eux » et « nous ».

II. Le paroxysme a été atteint avec les reportages sur les « tournantes », qui ont réactivé des stéréotypes et des formes de stigmatisation des jeunes des quartiers populaires dignes de la monarchie de Juillet [6].

nouveau bond en avant de la différenciation des fonctions et des affiliations identitaires. Le terme « média » masque les contradictions internes au monde du journalisme. Beaucoup de ceux qui exercent ce métier s'efforcent de résister aux tendances décrites plus haut et tentent, grâce à leur travail, de limiter leurs effets négatifs. De même, comme je l'ai dit dans le chapitre précédent à propos de la presse de masse, il ne faut pas sous-estimer les capacités de résistance déployées par les « consommateurs ». La réception des messages varie en fonction des milieux sociaux, de l'habitus, etc. De telle sorte que l'on peut faire l'hypothèse que la communication de masse impose les matériaux avec lesquels les gens élaborent leurs propres récits, plutôt que ces récits eux-mêmes [7].

Mais surtout, il faut tenir compte de la concurrence que se livrent entre eux les grands médias en fonction des publics qu'ils visent. Comme on l'a vu plus haut, à partir des années 1960, le développement de l'industrie du disque, du cinéma et du sport a permis de modeler un public qui partage des valeurs libertaires, antiracistes et universalistes. Les jeunes issus de l'immigration ont trouvé dans ce secteur des références positives permettant de « compenser » la dévalorisation dont ils sont l'objet dans le discours médiatico-politique. Ils ont pu d'autant plus facilement se reconnaître dans les vedettes du sport (principalement le football) et de la chanson (le rap) que, parmi ces derniers, beaucoup sont issus de l'immigration et du même milieu social qu'eux.

… *et ses effets politiques*

À partir des années 1980, les deux grands segments de la communication audiovisuelle (l'information et le spectacle) ont donc joué un rôle essentiel pour modeler des publics très différents, voire antagonistes. Ces bouleversements ont eu des effets considérables dans le champ politique. Le plus important concerne l'effondrement des formes antérieures de représentation des classes populaires dans l'espace public. Les organisations autonomes que s'étaient donné les ouvriers, dans le cadre des luttes antipatronales développées depuis les débuts de la révolution industrielle, ont été marginalisées. L'affaiblissement du PCF, et le démantèlement des formes de sociabilité collectives tissées depuis les années 1930 autour de ce parti, la perte d'influence des syndicats, la quasi-disparition de la presse militante sont les signes les plus tangibles de cette crise de représentation des milieux populaires dans l'espace public. Les études qui se sont penchées sur la sociologie des organisations ont souligné ses effets. Désormais, la filière d'accès à la carrière politique n'est plus la carrière locale, ni l'accumulation de ressources électives, ni l'investissement militant et la fidélité au parti mais la fréquentation des écoles du pouvoir. L'homogénéisation relative du personnel politique au profit des classes moyennes s'explique aussi par la multiplication des « nouveaux mouvements sociaux » (féminisme, écologie, multiculturalisme, etc.) animés par des militants appartenant eux aussi aux milieux culturellement privilégiés.

En vingt ans, la démocratie de partis s'est effondrée et c'est la « démocratie du public » qui a pris sa place. Les professionnels du champ politique sont de plus en plus dépendants des médias [8]. N'ayant plus la possibilité d'imposer dans l'espace public des représentations de la société qui leur soient propres, ils sont obligés de reprendre à leur compte, quitte à leur donner des interprétations politiques contradictoires, les références que les médias imposent chaque jour dans leur traitement de l'information [I].

Confrontée à cette concurrence redoutable, la presse écrite s'est adaptée, en se focalisant de plus en plus sur le commentaire de l'actualité. C'est ce qui explique l'importance prise par les sondages (commandés le plus souvent par les journaux) dans la vie politique française à partir des années 1980 [10].

Le Front national entre en scène

La perte d'autonomie des partis à l'égard du champ journalistique a été surtout préjudiciable aux organisations de gauche. Entre 1981 et 1984, le parti socialiste au pouvoir abandonne la référence à la lutte des classes au profit d'une stratégie centrée sur la défense des « valeurs républicaines ». C'est à ce moment-là que les « travailleurs immigrés » disparaissent de l'espace public, au profit d'un nouveau système de représentations, privilégiant l'origine des personnes et non plus leur position sociale, système avalisé tant par la droite que par la gauche. La « deuxième génération d'origine maghrébine », désignée aussi par le terme « beurs », est ainsi brutalement placée sur le devant de la scène publique et devient le jouet des affrontements politiques. À partir de ce moment, il n'est plus possible d'espérer gagner les élections sans produire un discours dénonçant le « communautarisme » islamiste. La gauche

I. Précisons toutefois que cela ne signifie pas que les médias puissent « faire les élections ». Les électorats restent structurés sur des bases économiques relativement stables. Ceux qui votent à droite sont plus souvent catholiques pratiquants, membres des classes supérieures du secteur privé et des professions libérales. Les électeurs de gauche sont plus diplômés, moins religieux, et beaucoup sont salariés dans la fonction publique [9].

exalte les « valeurs républicaines » en vantant les mérites de la « laïcité » à la française et de l'intégration républicaine ; la droite dénonçant, pour sa part, la menace islamiste et l'incompatibilité de l'islam avec l'identité française. Le consensus droite/gauche sur cette question apparaîtra clairement au moment de l'« affaire du voile islamique », ce qui explique certainement l'incroyable durée de cette affaire : quatorze ans !

L'effondrement des organisations qui représentaient auparavant les classes populaires et la désignation de ces dernières à partir du critère de l'origine, au détriment du critère social, a ouvert un espace politique dans lequel s'engouffre le Front national à partir de 1983. Pour comprendre les raisons qui expliquent le retour de l'extrême droite dans le jeu politique français, il faut abandonner les références au fascisme des années 1930. À la différence de l'Action française, qui voulait supprimer la République pour rétablir la monarchie, le parti de Jean-Marie Le Pen affiche son respect pour les institutions républicaines. De même, alors que l'ancienne extrême droite privilégiait l'action violente, agressant quotidiennement les militants de gauche, le Front national s'est adapté au contexte pacifié dans lequel nous vivons aujourd'hui (ce qui n'empêche pas les comportements agressifs de certains de ses militants). Enfin, il faut préciser que le programme que défend ce parti ne peut pas être qualifié d'« antisémite » ou de « raciste ». Ces termes ont été forgés entre les années 1880 et les années 1930 pour dénoncer des discours ou des pratiques *politiques* qui désignaient les « Juifs », les « Noirs » ou les « Jaunes » comme les responsables des malheurs du peuple français et qui prônaient des mesures destinées à les éliminer. Ce type de discours politique est désormais interdit par la loi. Il ne s'agit pas, évidemment, de minimiser la gravité des propos qui ont valu à certains responsables du Front national d'être condamnés par la justice. Mais il est important de mieux les caractériser pour comprendre leur efficacité par rapport aux enjeux de notre temps.

La raison principale de son succès tient au fait qu'il a été le premier parti à s'adapter aux nouvelles règles du système politico-médiatique que j'ai décrites plus haut. Dans un tel univers, il faut « faire le spectacle » en multipliant les provocations calculées. C'est pourquoi l'extrême droite ne défend plus un programme politique explicitement raciste mais procède par jeux de mots ou par petites phrases qui ne font que *suggérer* le sens du message. Le soin est laissé aux commentateurs de l'actualité d'achever le travail, en expliquant au public ce que les dirigeants des partis d'extrême droite ont vraiment voulu dire [I]. La percée politique de Jean-Marie Le Pen tient au fait qu'il a axé sa stratégie de communication sur la *réception* des messages, conformément aux canons de la publicité. Il a compris que l'information était devenue une véritable industrie de masse, qu'il fallait alimenter chaque jour, en donnant du grain à moudre aux entreprises de sondages et aux commentateurs de l'actualité.

Mais pour faire le spectacle il fallait franchir une ligne rouge (en s'efforçant toutefois de ne pas tomber sous le coup de la loi) en rompant avec les normes de la bienséance politique que les professionnels de la parole publique avaient fixées collectivement depuis la Seconde Guerre mondiale. Le rejet de la xénophobie et du racisme étant la principale de ces normes, c'est sur ce thème que Le Pen a centré sa propagande. Seul un « outsider » pouvait prendre ce genre de risques. Mais il a été

I. Comme l'a noté Pierre-André Taguieff, « c'est moins l'énoncé, au sens littéral, avancé par Le Pen qui compte que les sous-entendus qu'il diffuse [11] ».

servi par son long passé de militant nationaliste. Comme tous les spécialistes de cette question, il savait que les préjugés xénophobes étaient restés vivaces dans la société française. La marginalisation du discours sur la lutte des classes, dans un contexte de désenchantement à l'égard de la gauche, ne pouvait que faciliter une stratégie réhabilitant l'exaltation du « nous » français contre les immigrés.

Mais pour réussir, il était indispensable que ce discours soit largement diffusé par les médias. Alors que, dans les décennies précédentes, les journalistes avaient ignoré la propagande xénophobe de l'extrême droite, désormais ils lui accordent une large place. Davantage que les élections municipales de mars 1983, qui ont permis aux candidats du Front national de réaliser des scores honorables ici et là, le moment-clé dans l'ascension de Le Pen, c'est le 13 février 1984. Invité à l'émission de la chaîne Antenne 2, Le Pen réalise ce jour-là le meilleur score à l'audimat pour ce genre d'émissions. Grâce à ce résultat médiatique, le leader de l'extrême droite s'impose dans le « paysage audiovisuel français ». La concurrence féroce qui oppose les chaînes et les organes de la presse écrite oblige désormais les journalistes à parler de lui et donc à relayer ses thèses, même si c'est sur le mode réprobatif. À partir de ce moment-là s'effondrent les auto-contraintes que les élites s'étaient imposées depuis 1945 pour ne plus exploiter les réflexes nationalistes dans l'espace public.

Le simple fait que les arguments de Le Pen, considérés jusque-là comme indignes d'une démocratie, aient été présentés à la télévision a été perçu par beaucoup de Français comme la preuve qu'ils étaient légitimes. En dénonçant le « racisme anti-français », Le Pen a pu ainsi flatter l'identité majoritaire, libérant du même coup la mauvaise conscience de ceux qui considèrent, depuis toujours, que les immigrés sont la cause de leurs problèmes. Pour la fraction la moins politisée de l'électorat, celle qui possède le plus faible capital scolaire, le fait que les partis républicains et les journalistes aient constamment dénoncé le « racisme » de l'extrême droite a été un argument supplémentaire en sa faveur. Le Front national a réussi ainsi à récupérer à son profit la « fonction tribunicienne » du PCF en captant les suffrages de ceux qui cherchent des moyens radicaux pour exprimer leur rejet d'une société qui ne leur fait pas de place, ceux qui soutiennent, en conséquence, les candidats qui leur paraissent les plus éloignés du discours dominant.

Le programme du Front national s'inscrit dans le prolongement direct du discours nationaliste construit sur l'idée que l'identité française est menacée par l'afflux des étrangers. « L'immigration massive que nous subissons porte atteinte à notre identité et par voie de conséquence à l'existence de la France. [1] » On ne saurait dire les choses plus clairement. Mais désormais, le clivage entre « nous » et « eux » est désigné en opposant les « Européens » et les « musulmans ». Les partisans de Jean-Marie Le Pen affirment aujourd'hui que les immigrants venus d'Europe dans la première moitié du XXe siècle se sont intégrés facilement, alors que l'immigration actuelle « détruit » l'identité française car les nouveaux venus pratiquent une religion, l'islam, qui est « une théocratie incompatible avec notre civilisation ». Selon eux, les réseaux islamistes s'activent dans l'ombre pour encourager la ghettoïsation communautaire et empêcher l'assimilation. Ces « colonies de peuplement [...] sont pour notre identité nationale une menace

1. Citations extraites des « 300 mesures pour la France » présentées par le Front national dans son programme de 2001 et mises en ligne sur ‹www.frontnational.com›.

mortelle : [elles] modifient en profondeur la substance du peuple français. La formation de communautés fermées, constituées sur des bases ethniques, s'oppose évidemment à toute l'histoire de la société française ».

L'actualité terroriste a donné la possibilité à l'extrême droite de réactiver le discours qu'elle avait développé contre les « Arabes » pendant la guerre d'Algérie, un peu comme l'actualité des années 1930 avait permis à l'Action française de donner une nouvelle jeunesse au discours antisémite des années 1880. L'« affaire Kelkhal » est mentionnée comme une preuve que les jeunes issus de l'immigration maghrébine sont de plus en plus attirés par le terrorisme, et l'« affaire du voile islamique » démontre que les musulmans refusent d'accepter « nos valeurs » et la laïcité. Le Front national appelle donc les Français à combattre énergiquement le « communautarisme » en refusant l'« islamisation de la France ».

Une bonne partie des mesures qu'il propose dans son programme ont pour but d'éradiquer la menace. Il prône l'abrogation du regroupement familial, l'interdiction de la double nationalité, l'application effective de la loi sur la déchéance de la nationalité, tout en exigeant que l'État accorde la priorité aux nationaux dans le domaine de l'emploi, du logement et de l'aide sociale. Le parti de Jean-Marie Le Pen demande aussi une politique énergique afin de « démanteler les ghettos ethniques », « interdire la subversion islamiste », « expulser les condamnés étrangers », « supprimer la carte de séjour de dix ans tacitement reconductible ». Il précise toutefois qu'il n'a rien contre les immigrés, car ils sont eux-mêmes des victimes de l'immigration. Il prône donc une nouvelle politique de « co-développement » avec les pays d'où ceux-ci sont originaires, de façon à ce qu'ils restent chez eux.

La polémique sur « l'identité nationale » : Acte I

Les succès électoraux remportés par l'extrême droite et leur impact médiatique vont placer les autres partis dans l'obligation de se déterminer par rapport à ses thèses. La gauche socialiste reprend alors à son compte, comme on l'a vu plus haut, la vision ethnicisée de la société française, avalisant du même coup l'idée que les jeunes « issus de l'immigration maghrébine » ont des « problèmes d'intégration ». Le PS propose une lecture de gauche du « problème » en l'expliquant par la montée du racisme, ce qui contribue du même coup à la diabolisation de Le Pen et de son électorat. Cette diabolisation permet à François Mitterrand de brandir le spectre du Front national pour tenter (en vain) d'empêcher le retour de la droite aux élections législatives de 1986.

De son côté, la droite va s'efforcer de séduire l'électorat de Le Pen en reprenant à son compte le thème de « l'identité nationale » sous prétexte qu'il ne faut pas laisser à ce dernier le monopole du discours sur la nation. Je voudrais m'arrêter un moment sur cet épisode pour montrer que tous les arguments qui ont été avancés pendant la campagne électorale de 2007 avaient déjà été développés et commentés à satiété vingt ans plus tôt.

Grâce aux travaux qui ont été consacrés à cette période, on peut suivre d'assez près les différentes étapes de la stratégie de l'UDF et du RPR sur ce thème au cours des années 1980 [12]. La première a pour but de rendre à nouveau légitime le « problème » de l'identité nationale après trois décennies de purgatoire. Ce sont les réseaux situés à la jonction de la droite et de l'extrême droite qui vont jouer le rôle principal dans cette mise en acceptabilité. En 1985, plusieurs colloques sont organisés sur « L'identité de la France » ; et l'Alliance générale contre le racisme et pour le respect de l'identité française (AGRIF) est lancée. Les dirigeants du Club de l'Horloge sont alors omniprésents. Une partie d'entre eux, notamment Bruno Mégret et Jean-Yves Le Gallou, rejoignent le Front national pour y créer une revue théorique baptisée… *Identité*. Les autres restent actifs dans les partis de la droite classique, notamment au RPR et au PR. C'est au sein de ce dernier que l'on trouve les défenseurs les plus zélés de l'identité nationale. Les essais d'Alain Griotteray (député de Maisons-Alfort et éditorialiste au *Figaro magazine*) et de Michel Poniatowski (ancien ministre de l'Intérieur) sont largement relayés par les médias. Ils martèlent l'idée que les « immigrés maghrébins » ne peuvent pas s'intégrer dans la société française, pour des raisons culturelles et religieuses. Ce discours xénophobe est explicitement cautionné par l'ancien président de la République, Valéry Giscard d'Estaing, qui affirme, dans le journal d'extrême droite *Valeurs actuelles*, que l'immigration constitue « une menace pour l'identité française » [13].

Le Figaro multiplie les articles sur le même thème en faisant appel à des historiennes et historiens réputés, comme Annie Kriegel, qui fournit sa propre expertise, en confortant l'idée que « notre identité nationale est menacée » [14]. Mais dans ce registre, la palme revient incontestablement au *Figaro magazine*. Dans le numéro du 26 octobre 1985, intitulé « Serons-nous encore français dans trente ans ? », l'hebdomadaire reprend la couverture que le journal d'extrême droite *Minute* avait publiée quelques années auparavant sur la « Marianne voilée ». Le contenu des articles vient mettre les points sur les « i », au cas où les lecteurs n'auraient pas compris le sens du symbole : « Il existe en effet sur ce problème majeur, sur cette survie de notre identité, sur les déséquilibres irréversibles qui menacent le peuple français et qui menacent aussi l'Occident face aux menaces du tiers-monde à nos portes, une véritable conspiration du silence. » Nous retrouvons ici tous les éléments de la rhétorique nationaliste classique. Le terme « menace » répété trois fois, la forme interrogative adoptée dans le titre pour souligner la vision angoissée de l'avenir, la thèse du « complot du silence » qui permet de présenter ce discours xénophobe comme un courageux combat contre les « tabous ». Grâce à la « Marianne voilée », le *Fig-Mag* fait d'une pierre trois coups. L'image symbolise la menace islamiste sur la laïcité, la menace sur la liberté des femmes et la menace du complot étranger, car, depuis 1870, les espions sont toujours masqués et agissent dans l'ombre. L'originalité de cette version du discours nationaliste tient au fait qu'il combine des éléments d'actualité (le danger islamiste) avec des éléments qui rappellent l'époque précédente. Le *Figaro magazine* accorde en effet une place centrale au problème démographique, vestige d'une époque où la crise de la natalité hantait les nuits des démographes.

Le Figaro a joué un rôle majeur dans la légitimation du discours d'extrême droite sur l'identité nationale, non seulement par ses articles mais aussi par ses sondages. Des questions que nul n'aurait songé poser dix ans avant s'imposent alors comme des évidences, contribuant à répandre l'idée que l'identité nationale pose problème. Tout au long des années 1980, les instituts de sondage interrogent ainsi leurs panels : « Êtes-vous d'accord avec cette idée : si on ne fait rien pour limiter le nombre d'étrangers, la France risque de perdre son identité nationale ? » La réponse étant contenue dans la question, on ne sera pas surpris de constater que le nombre de ceux qui sont « plutôt d'accord » avec *Le Figaro* oscille entre 60 et 74 %.

Étant donné que les thèses de Jean-Marie Le Pen recyclées dans le discours de la droite classique apparaissent désormais, grâce aux sondages, comme « ce que pensent les Français », l'idée que les immigrés « menacent » l'identité nationale est devenue un fait objectif dont la télévision peut s'emparer pour multiplier les reportages spectaculaires contre la « montée du communautarisme » en banlieue. Dans le même temps, une multitude de colloques et d'ouvrages, de droite comme de gauche, se saisissent du sujet. Les personnalités éminentes du monde savant qui n'ont pas résisté aux sirènes de l'Académie française, comme l'anthropologue Claude Lévi-Strauss et l'historien Fernand Braudel, légitiment à leur manière la thématique de l'identité nationale (en évitant toutefois la liaison avec l'immigration) [15]. La droite ne tardera pas à tirer le bénéfice politique de cette première offensive sur l'identité nationale. Le thème figure en toutes lettres dans la plate-forme électorale réalisée par le RPR et l'UDF en vue des élections législatives de mars 1986, comme le prouve le paragraphe concernant l'immigration, qui est intitulé : « Une communauté nationale mieux affirmée dans son identité. »

En présentant les actions violentes commises par un petit nombre de jeunes dans les quartiers populaires comme la preuve qu'ils ne s'intègrent pas, la droite a donc retrouvé le vieux réflexe national-sécuritaire. Comme dans le passé, il fallait discréditer les conflits sociaux en les présentant comme une « menace » contre la nation. Mais dans un monde où les risques de guerre ont quasiment disparu, c'est la délinquance qui sert de prétexte, la police ayant remplacé l'armée. Cette stratégie permettra à la droite de remporter haut la main les élections de 1986. Mais pour honorer ses promesses de campagne, le nouveau Premier ministre, Jacques Chirac, va devoir se lancer dans une réforme du code de la nationalité aussi fastidieuse qu'inutile, puisque les modifications minimes adoptées en 1993 seront ensuite annulées par la gauche dans l'indifférence générale. Le seul résultat tangible de l'agitation de l'extrême droite et de la droite sur le sujet aura été d'alimenter encore un peu plus la stigmatisation des enfants d'immigrés [1].

Au cours du dernier mandat de Jacques Chirac, la ligne de démarcation traditionnelle entre la droite et la gauche sur la question de l'immigration a eu tendance à s'estomper. Le gouvernement s'efforce alors de reprendre à son compte des causes qui étaient autrefois l'apanage de la gauche (le féminisme, la lutte contre les discriminations, etc.). Dans le même temps, la gauche adopte un discours sécuritaire qui était auparavant la marque de fabrique du camp d'en face. La présence de Le Pen au deuxième tour de l'élection présidentielle de 2002 a sans doute joué un rôle dans le consensus républicain qui semble s'établir à ce moment-là sur la question de l'immigration. Le vocabulaire de l'intégration s'impose contre le vocabulaire de l'identité nationale revendiqué par Jean-Marie Le Pen. C'est dans ce contexte que le Premier ministre Jean-Pierre Raffarin, reprenant un projet mis sur les rails par son prédécesseur Lionel Jospin, décide de lancer le chantier de la Cité nationale de l'histoire de l'immigration (CNHI), confié à Jacques Toubon.

La raison sociologique majeure qui explique cette évolution du discours sur l'immigration, c'est que, *pour la première fois depuis le milieu du* XIX*e siècle, la France est entrée dans une longue période de stabilisation des flux migratoires.* Depuis trente ans, les seuls étrangers autorisés à séjourner

1. La réforme visait à empêcher le caractère automatique de l'acquisition de la nationalité en obligeant les enfants d'immigrés nés en France à prouver qu'ils « aiment la France ».

sur le territoire national sont ceux qui bénéficient de la législation sur le regroupement familial ou du droit d'asile. La faiblesse de l'immigration au cours de la période récente est illustrée par les chiffres, puisque la population étrangère a *reculé* au cours des années 1990. Comme l'ont montré les travaux des démographes, le solde migratoire (les entrées moins les sorties) est aujourd'hui estimé à 65 000 personnes, soit 20 % de la croissance démographique totale du pays ; alors qu'en Espagne l'immigration représente 82 % de cette croissance, en Italie 97 % et en Allemagne 150 % ; sans parler des États-Unis, qui ont connu, au cours des années 1990, la plus forte progression de l'immigration de toute leur histoire [I].

Cette réalité n'a pas empêché Nicolas Sarkozy, quand il a été nommé ministre de l'Intérieur, de relancer le « problème » de l'immigration en multipliant les mesures contre les « clandestins » afin de peaufiner son image d'homme à poigne. Dans le même temps, il a tenté de prendre ses distances avec le gouvernement Chirac en jouant la carte des « communautés ». Tout en affirmant que le modèle républicain avait échoué, il a ainsi cherché à s'attirer les bonnes grâces des responsables des structures religieuses, notamment musulmanes et juives, puis il a enfoncé le clou en annonçant haut et fort qu'il avait nommé un « préfet musulman ». Mais la tentative de gérer les communautés ethniques et religieuses comme des clientèles électorales a été abandonnée, à partir de 2006, au profit d'un discours national-sécuritaire conforme aux traditions de la droite républicaine « décomplexée ».

I. La difficulté à se procurer des chiffres exacts sur les « sans-papiers » nourrit le fantasme d'une immigration clandestine massive. Mais les spécialistes évaluent à 13 000 par an le nombre d'entrées irrégulières [16].

La nouvelle fonction des « intellectuels »

Pour conclure ce chapitre, je voudrais m'arrêter un moment sur le rôle que les intellectuels ont joué dans la réactivation du discours sur l'identité nationale à partir des années 1980. Les bouleversements qui se sont produits à cette époque dans le secteur de l'information ont transformé la fonction des intellectuels dans le débat public. Le repositionnement de la presse écrite sur le créneau du commentaire a permis aux universitaires qui acceptent le rôle que leur assignent les médias d'acquérir une importante notoriété. Sans reprendre ici des analyses que j'ai développées ailleurs [17], on peut affirmer que l'offensive inaugurée par le *Figaro magazine* à la fin des années 1970 contre les « intellectuels de gauche » a été couronnée de succès. Ceux-ci ont littéralement disparu de la scène publique au profit des intellectuels de droite.

La principale raison de cette marginalisation tient aux nouveaux progrès de la division du travail au sein des élites. Aujourd'hui, il n'est pratiquement plus possible d'être à la fois reconnu dans le monde savant et dans l'espace public. (Pierre Bourdieu a sans doute été le dernier représentant de ce type d'intellectuels.) Ceux qui choisissent de s'investir dans la science sont marginalisés, même quand ils continuent à intervenir dans le débat public, pour la simple et bonne raison que leur manière de poser les problèmes ne correspond pas aux attentes des médias. À l'inverse, les intellectuels de gouvernement acquièrent une notoriété médiatique en commentant les questions d'actualité, mais de ce fait ils se coupent du monde savant.

L'évolution d'un universitaire formé à la philosophie comme Alain Finkielkraut illustre bien ce phénomène. Venu de l'extrême gauche, il a publié en 1987 un essai sur la « défaite de la pensée », dans lequel il apporte sa propre réponse au « problème de l'identité nationale » [18]. Ce livre met en cause les mouvements anticolonialistes parce qu'ils ont, selon lui, repris à leur compte la définition ethnique de la nation que la philosophie allemande a élaboré au XVIIIe siècle. « Un racisme fondé sur la différence chasse le racisme inégalitaire. » Dans une note, il s'en prend aussi au projet de réforme du code de la nationalité mis en chantier par Jacques Chirac, en déplorant que les jeunes immigrés délinquants soient désormais traités comme des « indésirables [...], figés pour toujours dans leur double nature de délinquant et d'étranger » et pourvus, « bon gré, mal gré, d'un passeport maghrébin équivalent tacite du passeport jaune ».

Finkielkraut oppose à cette définition « ethnique » de la nation, venue d'Allemagne, la « pensée française » née à l'époque des Lumières et qui aurait constamment combattu les dérives identitaires au nom des principes universalistes proclamés dans la Déclaration des droits de l'homme et du citoyen. Il fabrique ainsi une « identité française » dont la continuité ne réside plus dans le principe de l'enracinement que défendait Maurice Barrès mais dans la permanence des « valeurs de la République ». Malheureusement, ajoute l'auteur, les sciences sociales – l'anthropologie structurale de Claude Lévi-Strauss et la sociologie de Pierre Bourdieu sont directement visées – ont entrepris de détruire la « pensée française », à partir des années 1950, pour cautionner le relativisme culturel. Finkielkraut dénonce, dans le même temps, les tiers-mondistes et les postmodernes qui plaident pour une société multiculturelle, les accusant de justifier la polygamie et l'excision au nom de l'égale dignité des cultures.

Il n'est pas utile d'insister longuement ici sur les contradictions d'un raisonnement qui dénonce la logique identitaire au nom d'autres principes identitaires. Ce qui me semble plus intéressant, c'est de souligner que la charge polémique développée à l'égard de l'anthropologie, de l'histoire et de la sociologie est une manière de refuser à ces disciplines tout droit à l'existence, en faisant comme si le point de vue normatif du journaliste-philosophe était le seul possible. Toute la démarche (et la légitimité) des sciences humaines repose en effet sur le principe de compréhension de tous les mondes sociaux, et le refus des jugements de valeurs. Ce qui est dénoncé ici comme du « relativisme », c'est tout simplement la possibilité de penser les questions sociales autrement qu'à l'aide du langage normatif que Finkielkraut utilise lui-même. On retrouve ici une constante dans les polémiques opposant les différentes chapelles du milieu universitaire. Derrière leur prétention à l'universalité, ces polémiques ne sont le plus souvent que des querelles de compétences et de reconnaissance. De même que Barrès détestait la science de son temps, Alain Finkielkraut dénonce les chercheurs en sciences sociales d'aujourd'hui comme les nouveaux « ennemis de l'intérieur », ceux qui contribuent à saper les valeurs de l'Occident.

Ayant récusé, dans son principe même, la possibilité d'une compréhension savante du monde social, il peut relier ses réflexions triviales sur Herder et Renan aux questions d'actualité. Au-delà de l'apparente impartialité du propos, l'auteur reprend à son compte le discours de la droite sur l'identité nationale. Après avoir affirmé, qu'« il est indéniable que la présence en Europe d'un nombre croissant d'immigrés du tiers-monde pose des problèmes inédits », il enfonce le clou en réactivant un argument que les nationalistes avaient souvent utilisé contre les Juifs avant la guerre. Les immigrés ne peuvent pas s'intégrer dans la société française parce que ce sont des victimes qui détestent leurs maîtres. C'est la misère et l'humiliation coloniale qui expliquent, selon Finkielkraut, que, chez ces nouveaux immigrants, « la terre d'accueil

[soit] haïe pour son passé impérialiste ». Ils ne « peuvent ressentir à l'égard du pays qui les reçoit l'attirance et la gratitude qu'éprouvaient pour la plupart les réfugiés d'Europe orientale ».

La thématique de l'amour et de la haine, centrale dans le dispositif barrésien, est donc réhabilitée par un raisonnement qui met en concurrence les immigrés d'Europe centrale d'hier et les immigrés de l'ancien empire colonial d'aujourd'hui. On voit ici s'esquisser une nouvelle façon d'opposer « eux » et « nous » qui prendra, comme on va le voir, de plus en plus d'importance dans les écrits ultérieurs de cet auteur. Un autre point commun avec l'ancien discours nationaliste tient au fait que les propos négatifs sur l'immigration servent de point d'appui pour développer un discours général sur la décadence de l'école républicaine et de la culture française. Pour Finkielkraut, Bob Marley et Beethoven sont aujourd'hui placés sur le même plan, c'est bien la preuve que « la barbarie a donc fini par s'emparer de la culture ».

Au cours des années suivantes, dans un contexte marqué par l'exacerbation des polémiques qu'a suscitées l'occupation des territoires palestiniens par l'État israélien, l'accusation d'« antisémitisme » devient l'un des arguments privilégiés pour discréditer les militants antiracistes qui présentent cette occupation comme un prolongement de la domination coloniale. Alain Finkielkraut développe alors toute une rhétorique pour établir une équivalence entre « la haine des Arabes » à l'égard d'Israël et leur « haine » à l'égard de la France. Lui qui se présentait en 1987 comme « le dernier des dreyfusards » en vient aussi à ironiser sur le nombre de Noirs dans l'équipe de France de football et à lancer une pétition contre le « racisme anti-blancs ». Tous les événements d'actualité qui mettent en scène des jeunes issus de l'immigration sont vus comme autant de preuves qu'un vaste complot islamiste menace la France. L'« affaire du voile islamique », tout comme les violences de novembre 2005, servent à remplir les cases préétablies de cette même grille de lecture, en contradiction de plus en plus flagrante avec les nombreuses études sociologiques dont nous disposons aujourd'hui sur ces questions [I].

I. Selon lui, ces émeutes prouvent que nous sommes à « l'étape du pogrom antirépublicain. Il y a des gens en France qui haïssent la France comme république ». [19]

III. Le « tournant » de l'élection présidentielle de 2007

Le thème de « l'identité nationale » paraissait épuisé après plusieurs années d'exploitation intensive. Et pourtant, il a été brutalement replacé au centre du débat public par Nicolas Sarkozy lorsque celui-ci a affirmé (le 8 mars 2007) que, s'il était élu, il créerait un « ministère de l'Immigration et de l'Identité nationale ». La plupart des analystes ont considéré que cette annonce avait été un tournant dans l'élection présidentielle, car elle avait permis au candidat de l'UMP de prendre un avantage décisif sur ses concurrents. Dans ce chapitre, je montrerai que la définition de l'identité nationale défendue par Nicolas Sarkozy pendant la campagne électorale s'inscrit dans le prolongement du discours traditionnel de la droite. En examinant brièvement la façon dont Ségolène Royal a réagi à l'offensive de son principal concurrent, j'essayerai d'expliquer comment s'est restructuré le clivage droite/gauche sur ce sujet dans la France d'aujourd'hui.

« L'identité nationale » dans le discours de Nicolas Sarkozy

Que ce soit le candidat de l'UMP qui a lancé l'offensive sur « l'identité nationale » n'a rien qui puisse surprendre. Depuis longtemps, nous savions que l'immigration serait nécessairement mise au centre de la campagne, car tous les sondages avaient montré depuis des années que « les Français » considéraient que Nicolas Sarkozy était le plus « crédible » sur ce thème [1]. Or, comme on l'a vu dans les chapitres précédents, dans une démocratie, celui qui réussit à imposer ses « problèmes » prend un avantage décisif sur ses concurrents dans les luttes pour la conquête du pouvoir d'État. Relancer le thème de l'immigration à partir de « l'identité nationale », c'était tout simplement réitérer une stratégie qui avait déjà été victorieuse pour la droite, puisqu'elle avait permis à Jacques Chirac de remporter les élections législatives de 1986.

Dans son discours d'investiture, prononcé lors du congrès de l'UMP (Versailles, 14 janvier 2007), Nicolas Sarkozy a d'emblée accordé une large place à la question de « l'identité nationale », bien que la formule n'ait pas été encore labellisée. « Ma France, c'est une nation qui revendique son identité, qui assume son histoire », proclame-t-il ce jour-là. Les deux premières parties de son intervention sont d'ailleurs centrées sur ce thème. C'est seulement dans la troisième partie qu'il aborde son programme proprement dit, en privilégiant trois axes : la revalorisation du travail, la restauration de l'autorité et « l'immigration choisie » [1].

1. Selon un sondage publié en avril 2006, 46 % des personnes interrogées se disaient déjà « proches des idées de Nicolas Sarkozy sur l'immigration » (*Le Monde*, 30 avril 2006).

Un « tabou » enfin levé ?!

Pour le candidat de l'UMP, il était absolument nécessaire de faire en sorte que le « problème » de l'immigration devienne un thème majeur de la campagne électorale, non seulement parce qu'il était perçu comme le meilleur sur ce sujet, mais aussi parce qu'il fallait qu'il attire sur son nom une fraction importante de l'électorat lepéniste. Cet enjeu stratégique a été souligné, à juste titre, par un grand nombre de journalistes. Il explique la modération des discours de Nicolas Sarkozy à l'égard du Front national et parfois même la « compréhension » explicite exprimée à l'égard de ses électeurs [1].

Mais étant donné que depuis vingt-cinq ans le « problème » de l'immigration fait la une de l'actualité, il était évidemment difficile d'apparaître comme un homme neuf en réactivant les discours classiques sur ce sujet. La nature de la compétition imposait une autre contrainte. L'élection au poste de chef de l'État exigeait de donner de l'envergure aux propos anti-immigrés en évitant de réactiver trop explicitement l'image d'homme à poigne que Nicolas Sarkozy avait peaufinée quand il n'était que ministre de l'Intérieur. Le thème de l'identité nationale était parfaitement adapté à l'enjeu. De même que, pour être élu chef des boulangers, il vaut mieux dire du bien des boulangers, de même pour être élu président des Français, il fallait vanter les mérites de l'identité française.

Mais, évidemment, le candidat ne pouvait présenter les choses d'une manière aussi triviale. Il devait tenir compte d'une autre contrainte, qui résulte du fait que les professionnels de la politique, même quand ils se nomment Nicolas Sarkozy, sont aujourd'hui complètement

1. Par exemple au meeting de Lyon (5 avril 2007). Je rappelle que c'est grâce à Nicolas Sarkozy que Le Pen a pu obtenir ses 500 parrainages.

tributaires des médias. Sans insister pour le moment sur un problème que je développerai dans le prochain chapitre, je rappellerai simplement que, dans un monde gouverné par la « démocratie du public », pour gagner les élections il faut élaborer une stratégie de communication. Pour que le message passe, pour qu'il soit repris par tous les organes d'information, il était indispensable de fabriquer un « événement ». En annonçant qu'il allait créer un nouveau ministère et en le dotant d'un intitulé sulfureux, Nicolas Sarkozy a livré le « scoop » du jour. L'effet d'annonce a été puissamment renforcé en jouant sur le fait que les commentateurs de l'actualité sont amnésiques. Nicolas Sarkozy a donc pu affirmer, sans être vraiment démenti, que personne n'avait osé parler de l'identité nationale avant lui. « La rupture que je propose, c'est de parler sans tabou. Je suis le candidat qui exprime les idées que pensent et que portent les Français », affirme-t-il à Caen le 9 mars 2007. Et il revient à la charge quelques jours plus tard, lors du meeting de Besançon (13 mars) : « J'ai bien compris que c'était un sujet tabou. »

Le deuxième argument que le candidat a martelé pour imposer son thème de campagne avait pour but de persuader l'opinion qu'il s'agissait d'un problème absolument capital pour l'avenir de la France. « Notre modèle républicain est en crise. Cette crise est avant tout morale. [...] Cette crise morale est une crise des valeurs, une crise des repères, une crise du sens, une crise de l'identité. Le dénigrement de la nation est au cœur de cette crise » (Caen, 9 mars). Et quelques jours après, il renchérit sur le même ton : « Je continuerai à parler de l'identité nationale parce que je crois que l'identité nationale, pour un peuple, c'est quelque chose d'essentiel, et parce que je crois que la France traverse une crise d'identité, que cette crise est grave, que cette crise est profonde, que cette crise est dangereuse » (Besançon, 13 mars).

L'homme qui dit toujours la vérité aux Français

L'analyse que le collectif du CVUH a développée sur les usages de l'histoire dans le discours de Nicolas Sarkozy a permis de dégager les principaux aspects de sa rhétorique [1]. Elle prend fréquemment la forme du sermon caractéristique des prêcheurs américains. C'est ce qui explique l'importance qu'il accorde à la question de la « vérité » et de la « sincérité ». Ainsi utilise-t-il souvent des formules du type : « Je veux dire la vérité aux Français, je veux être sincère, je veux être honnête » (Besançon, 13 mars) ; « Je veux dire la vérité aux Français. Je veux leur dire la vérité sur la France » (Nice, 30 mars). Ces sermons sont accompagnés de litanies qu'il répète des dizaines de fois, comme « Vous en avez assez que… » (Lille, 28 mars) ou « Je revendique le droit de… » (Villebon-sur-Yvette, 20 mars). Parmi ces litanies, les plus fréquentes et les plus importantes sont celles qui indiquent au public que lui, Nicolas Sarkozy, va vraiment nous expliquer ce qu'est « l'identité nationale ». Dans le discours prononcé à Caen le 9 mars – sur lequel je m'appuierai beaucoup ici car c'est à ce moment-là que l'opération « identité nationale » a été véritablement lancée –, on ne compte plus les phrases qui commencent par : « Être français, c'est… », ou « Qu'est-ce que la France, sinon… », et aussi les formules du type : « La France c'est… La France ce n'est pas… »

1. Dans les six discours de fin de campagne, depuis celui de Tours le 10 avril jusqu'à celui de Marseille le 19 avril, les termes « France » et « Français » reviennent respectivement 395 et 212 fois – l'étude peut être consultée sur notre site ‹http://cvuh.free.fr›.

Dans le discours de Caen, Nicolas Sarkozy décline sa définition en trois longs paragraphes. Le premier nous apprend que « La France est un miracle » (la formule est répétée huit fois) parce qu'elle a réussi à réconcilier les contraires pour devenir une véritable nation. Elle combine le national et l'universel, les petites patries et la grande, la liberté et le pouvoir d'État, l'égalité et le mérite, le sentiment et la raison. L'identité de la France, c'est donc le miracle du consensus, la fusion des contradictions dans un tout harmonieux.

La thèse du « miracle » est utilisée par le candidat de l'UMP pour proposer une définition de la nation qui réconcilie les visions antagonistes qui avaient été forgées par la droite et par la gauche depuis le XIXe siècle. D'un côté, pour faire l'éloge de la terre et du « mystère de la greffe », il se réclame de Maurice Barrès, père fondateur du nationalisme français et porte-parole des antidreyfusards. Nicolas Sarkozy précise que la France n'est ni une race ni une ethnie, mais une « âme », un « principe spirituel », une « terre charnelle à laquelle chacun se sent rattaché par un lien mystérieux dont il ne sait au fond qu'une chose, c'est qu'il ne peut le couper sans perdre quelque chose de lui-même ». À cette thématique de la « tige coupée » (qui évoque la problématique des « déracinés », centrale dans le discours barrésien) s'ajoute la référence à l'« inconscient » : « La France, c'est un pays qui dissimule dans les replis de son inconscient collectif mille blessures secrètes et autant de fiertés inavouées. »

On retrouve donc ici les éléments que les nationalistes ont utilisés dans le passé pour définir l'identité française comme un « sentiment », une « inclination de l'âme », relevant davantage de la passion que de la raison. Dans tous ses discours sur le sujet, Nicolas Sarkozy mobilise constamment le registre émotionnel. Sa définition de « l'identité nationale » aboutit à affirmer que, finalement, la France, ça ne s'explique pas, c'est « charnel » ; on l'aime ou on la déteste. Le vrai français a l'« amour » et la « fierté » pour son pays chevillés au corps. Les ennemis des Français, ce sont ceux qui « haïssent » la France.

Après avoir repris à son compte cette définition barrésienne de l'identité nationale, Nicolas Sarkozy consacre toute la deuxième partie de son discours de Caen à nous expliquer que la France, c'est la république. On retrouve ici la version « finkielkrautienne », focalisée sur l'apologie des « valeurs » républicaines : la dignité, la liberté, la justice, le respect de l'autre, l'esprit des Lumières sont ainsi convoqués pour magnifier « le pays des droits de l'homme qui n'a jamais cédé à la tentation totalitaire » ; et la laïcité ou, plus précisément, « la morale laïque qui incorpore 2 000 ans de valeurs chrétiennes ».

Au bout du compte, le miracle du discours sarkozyen, c'est donc de proposer une « définition » de l'identité nationale qui réconcilie la droite et la gauche. L'identité de la France, c'est Barrès et Jaurès enfin devenus amis, le chantre de l'antisémitisme cheminant bras dessus, bras dessous, sur les routes de France avec le militant des droits de l'homme. C'est le poète des paysans enracinés au pied de la colline de Sion pleurant sur les malheurs de la France qui fait cause commune avec le philosophe imprégné de marxisme, le député des mineurs de Carmaux dénonçant l'exploitation du prolétariat. L'identité nationale, selon Sarkozy, c'est la France des villes plus la France des champs, les langues régionales plus le français national, la royauté plus la République ; mais une République à la fois libérale, sociale, radicale, laïque, chrétienne, qui revendique en même temps la baisse de l'impôt sur les grandes fortunes, la sécurité sociale et le droit au travail. Bref, comme le dit lui-même le candidat de l'UMP, la France dont il rêve, c'est « une communauté de libres citoyens ».

Le lecteur qui a lu jusqu'au bout le discours de Caen parce qu'il espérait enfin apprendre ce qu'est vraiment « l'identité de la France » se sent quelque peu floué. Nicolas Sarkozy avait annoncé avec fracas qu'il allait dire la vérité sur la France, mais au bout du compte, c'est monsieur de La Palisse qui a gagné les élections. Si l'on résume le propos, en effet, l'identité française, c'est l'identité des Français et l'identité nationale, c'est l'identité de la nation. Tout ce qui est beau, bon, intelligent, et humain, est français. CQFD.

Cette volonté farouche d'aboutir à une définition consensuelle se heurte évidemment à une grosse contradiction. Comme on l'a vu, l'identité suppose l'ipséité, c'est-à-dire la continuité dans le temps. Mais il n'était pas possible de concilier le critère que la droite barrésienne a privilégié pour défendre sa conception de la France (l'enracinement dans le terroir) avec le critère de la gauche (les valeurs républicaines), parce que ce dernier suppose d'admettre la coupure fondatrice de 1789, coupure que Sarkozy niera farouchement tout au long de sa campagne, j'y reviendrai.

Pour résoudre cette contradiction, il ne restait qu'une seule solution : inscrire les « valeurs républicaines » dans l'éternité de l'histoire, en affirmant que, « depuis toujours », les Français les avaient défendues. C'est alors que l'on découvre que le choix de la ville de Caen pour lancer la campagne sur l'identité nationale n'était pas dû au hasard. Comme le CVUH l'a souligné, la campagne électorale de Nicolas Sarkozy a été organisée sur le modèle pédagogique qu'avait inauguré madame Fouillée, à la fin du XIXe siècle, dans son manuel intitulé *Le Tour de la France par deux enfants*. Chaque discours d'étape est l'occasion, pour le candidat, de vanter les mérites de la région dans laquelle il se trouve et de montrer en quoi cette petite patrie symbolise la nation tout entière, tout en rappelant comment chacune d'entre elle s'est fondue dans le « creuset français ». Ce qui peut surprendre, à première vue, c'est le fait que la Normandie ait été choisie pour entonner l'hymne aux petites patries. Pour Maurice Barrès, le symbole de la France, c'était la Lorraine. Symbole de l'enracinement des paysans dans le terroir français, mais aussi symbole de la menace allemande, illustrée par l'annexion d'une partie du territoire lorrain.

Nicolas Sarkozy, délaissant la France de l'Est, s'est donc délibérément tourné vers l'Ouest. On comprend mieux pourquoi en lisant le paragraphe dans lequel il évoque « la terre normande ». Celle-ci n'est pas glorifiée pour célébrer les mérites de l'enracinement mais parce que c'est là que « le sang des Vikings s'est mélangé à celui des Gaulois et des Francs ». Et Nicolas Sarkozy d'ajouter, pour que les choses soient claires, que cette terre est peut-être « la plus française de toutes ». L'exaltation des « Normands au sang mêlé » permet de vanter un modèle multiséculaire « d'intégration réussie », puisque les Vikings sont devenus « les fils de nos rois » (dixit Nicolas Sarkozy). Ils ont adopté la religion chrétienne dans ce pays « où Dieu est partout », et ensuite ils ont vaillamment combattu pour défendre leur nouvelle patrie. Ces Français venus d'ailleurs ont été aux premières loges de la résistance depuis le Moyen-Âge, jusqu'au débarquement de 1944. C'est pourquoi, ajoute le candidat de l'UMP, « votre destin, depuis la guerre de Cent Ans jusqu'à la bataille de Normandie, se confond avec celui de la France ».

Pour réconcilier les deux définitions contradictoires de l'identité nationale que j'ai exposées plus haut, Nicolas Sarkozy a donc fait du principe républicain d'intégration le critère fondamental de la continuité, c'est-à-dire de l'ipséité de la France. Pour gommer la coupure de la Révolution de 1789, il nous a expliqué que, finalement, les valeurs de la République existaient déjà au temps des rois, puisque même les Vikings se sont « intégrés » dans la nation française.

Bien évidemment, tout ce raisonnement repose sur un tour de passe-passe qui aboutit à une vision de l'histoire de France plus proche d'un film hollywoodien que des travaux universitaires. Le pauvre Michelet fait ici l'objet d'une double déformation. Non seulement Nicolas Sarkozy reprend à son compte l'interprétation conservatrice du *Tableau de la France* qui s'est imposée à la fin du XIXe siècle ; mais là où il innove vraiment, c'est par ses références aux « sang mêlés », c'est-à-dire aux métis. À ses yeux, en effet, la nation française n'est pas une race, une ethnie, mais un peuple de « sangs mêlés ». Jamais, sous la IIIe République, les militants des droits de l'homme n'auraient osé mettre en avant ce type d'argument, car c'était le fond de commerce des eugénistes et de l'extrême droite. Certes, à l'époque les références au métissage étaient négatives, alors que, dans le discours de Nicolas Sarkozy, elles sont devenues positives. On constate donc que, sur ce point aussi, le candidat qui n'a cessé de dénoncer « la pensée 68 » dans sa campagne l'a reprise à son compte en intégrant, dans sa définition de l'identité nationale, la vulgate multiculturaliste concernant le « métissage ».

Lorsque Nicolas Sarkozy affirme : « La France éternelle, ce n'est pas pour moi la France éternellement identique à elle-même. C'est la France qui ne meurt pas mais qui se métamorphose tous les jours. C'est la France dont le visage change imperceptiblement à chaque fois que parmi les Français apparaît un nouveau visage », nous comprenons mieux à présent ce que cela veut dire. Le « changement dans la continuité » ne réside plus dans le tempérament révolutionnaire du personnage France, comme chez Michelet, mais on ne doit pas non plus le chercher dans la dialectique homme/milieu vantée par le géographe Paul Vidal de la Blache. Le travail rhétorique visant à concilier les contraires aboutit ici à placer dans la très longue durée le principe républicain d'intégration, mais en le dédoublant pour distinguer une dimension biologique (ou raciale) qui change (les « sangs mêlés ») et une dimension politique (« les valeurs républicaines ») qui, elle, reste fixe. Il n'y a pas d'hérédité biologique, mais il existe une hérédité des valeurs. Dans la corbeille des mariés, les Vikings ont apporté leur sang, mais ils se sont soumis à l'autorité de « nos rois ».

Tout au long de sa campagne, le candidat de l'UMP va multiplier les références historiques aux Français venus d'ailleurs qui ont fait l'effort de s'intégrer. Dès le 14 janvier 2007, dans son discours inaugural, il avait donné le ton. La partie centrée sur le thème « Ma France, c'est une nation qui revendique son identité » rend hommage à Léon Gambetta. Nicolas Sarkozy nous rappelle que celui qui avait « le visage d'un émigré italien naturalisé français » (*sic*) a quitté Paris en ballon pour sauver la France. Parmi les autres figures de référence, on trouve Émile Zola et aussi Félix Éboué, le « petit fils d'esclave ». Le Français idéal, aux yeux de Nicolas Sarkozy, c'est donc celui qui est venu d'ailleurs, qui a gardé dans sa physionomie quelque chose de ses origines, qui nous a donné un peu de son sang, mais qui a fait l'effort d'assimiler les « valeurs républicaines » et s'est dévoué corps et âme pour défendre sa nouvelle patrie.

Au terme de ce périple, nous avons enfin la réponse à la question lancinante, posée dès le départ : « Qu'est-ce qu'un Français ? » Le véritable Français, finalement, c'est lui. Comme il le dit explicitement dans son discours de Nice, le 30 mars 2007 : « Français au sang mêlé, qui doit tout à la France, je suis fier d'être français. » C'est sur ce point que le contraste avec la définition de l'identité nationale défendue par Jean-Marie Le Pen depuis les années 1980 est le plus visible. Ce dernier défendait encore une version de l'ipséité proche du discours barrésien, valorisant l'enracinement dans le terroir en mettant en avant ses propres racines bretonnes. Sarkozy se présente, pour sa part, comme le représentant de la France de l'immigration et de l'intégration réussie.

Un nouveau nationalisme

Les développements qui précèdent pourraient laisser penser que Nicolas Sarkozy aurait rompu, pendant cette campagne électorale, avec la définition national-sécuritaire de l'identité nationale que la droite défendait depuis la fin du XIXe siècle. Mais il n'en est rien. Pour s'en convaincre, il faut se concentrer sur la troisième partie du discours de Caen. Après avoir longuement argumenté pour démontrer que la France était un « miracle », le candidat de l'UMP poursuit son langage de vérité en constatant : « Mais chacun sent bien que ce miracle est menacé », en raison de la « crise morale » que traverse le pays. Cette troisième partie a pour but de compléter la définition de l'identité nationale en l'opposant à son contraire, c'est-à-dire à « l'étranger » qui la menace. C'est à ce moment-là que Sarkozy établit le lien entre immigration et identité nationale [1].

Tout le raisonnement de ce chapitre repose sur l'idée, présentée comme une évidence, que l'intégration des immigrés d'aujourd'hui est un échec. Ce qui justifie, du

1. Le 12 décembre 2006, Nicolas Sarkozy avait fait part de son souhait de nommer, s'il accédait à l'Élysée, « un ministre chargé de l'immigration qui sera à la tête de toutes les administrations responsables de ce dossier ». Mais à l'époque, le mot « immigration » n'était pas accolé au terme « identité nationale » (*Le Figaro*, 16 mai 2007).

même coup, la place démesurée qu'il accorde à la définition de l'identité nationale. Pour le président Sarkozy en effet, la faillite des politiques d'intégration est due au fait qu'avant lui les dirigeants de ce pays n'ont pas suffisamment expliqué ce qu'était la France. On retrouve dans ce passage tous les éléments qui caractérisent le discours nationaliste français traditionnel. L'immigration *d'aujourd'hui* est constamment présentée sous un jour négatif, comme un repoussoir. Dans ses discours sur le sujet, le candidat de l'UMP privilégie deux thèmes qui illustrent les deux visages qu'a pris la menace aux yeux des conservateurs.

Le premier de ces visages, c'est le « clandestin ». Tout un paragraphe lui est dédié dans le discours de Caen. « Être français, c'est parler et écrire le français. Être français, c'est respecter la loi. Celui qui entre clandestinement en France, celui qui ne fait aucun effort pour s'intégrer, celui-là ne doit pas s'attendre à se voir reconnaître les mêmes droits qu'un Français. [...] Le problème de la France, c'est qu'à force, pendant trop longtemps, de ne rien exiger de personne, même pas le respect de ses valeurs et de ses lois, elle a nourri l'une des plus graves crises d'identité de son histoire. C'est la raison pour laquelle il faut maîtriser l'immigration. »

La manière d'aborder la question des étrangers en situation irrégulière est caractéristique du discours nationaliste. Sarkozy utilise le plus souvent le mot « clandestin », qui n'est pas un terme neutre, puisqu'il s'est imposé au cours des années 1930 comme une insulte caractéristique du vocabulaire sécuritaire. On constate aussi que le procédé rhétorique utilisé pour accentuer la présentation péjorative de ces personnes consiste toujours à les opposer aux véritables nationaux. Sarkozy construit ainsi une chaîne d'équivalences négatives permettant de dresser le portrait robot de l'antithèse du Français. C'est un individu qui ne parle pas et qui n'écrit pas la langue nationale, qui ne respecte pas la loi ni les valeurs de la République, qui ne fait pas d'effort pour s'intégrer. Dans un autre discours, il précisera sa pensée en dénonçant les clandestins « qui veulent vivre à ses crochets » (de la République).

Mais désormais, ce type d'arguments – que l'on peut appeler « xénophobes », car ils généralisent à toute une catégorie d'étrangers des comportements qui ne concernent qu'une infime partie d'entre eux – est légitimé par des références constantes aux « valeurs » éternelles de la République. C'est parce qu'il est profondément humain, et même humaniste, que Nicolas Sarkozy s'en prend aux « clandestins ». « Accepter d'accueillir toute la misère du monde, c'est tirer toute la société vers le bas. C'est faire le malheur des immigrés que l'on n'arrive plus à intégrer, et le malheur de tous les autres » (discours de Cormeilles-en-Parisis, 6 mars 2007). On retrouve ici un argument déjà largement exploité par le Front national. C'est dans leur intérêt que la police des frontières s'acharne chaque jour contre les « clandestins ».

L'autre figure de la menace sans cesse évoquée dans les discours de Nicolas Sarkozy est désignée par le terme « communautarisme ». Ce mot est utilisé chez lui comme une antithèse des « valeurs républicaines ». La France, « c'est le pays des droits de l'homme, c'est le pays qui récuse le plus le communautarisme qui renvoie chacun à ses origines ethniques et religieuses, c'est le pays de la République, qui s'est toujours battu depuis deux cents ans pour la liberté, l'égalité et la fraternité de tous les hommes » (Caen, 9 mars 2007). Néanmoins, il n'éprouve jamais le besoin de nous expliquer ce qu'est le « communautarisme ». Tous les Français qui regardent la télévision, qui écoutent la radio ou qui lisent les journaux savent que ce mot désigne l'horreur absolue dans le monde actuel. Depuis vingt-cinq ans, ils ont été abreuvés quotidiennement d'images et de commentaires montrant tous les crimes commis au nom du « communautarisme » à travers le monde.

Pour avoir une idée un peu plus précise de la signification que Nicolas Sarkozy donne à ce terme, il faut examiner la chaîne des équivalences qu'il établit dans ses discours quand il l'utilise. La façon dont il a évoqué cette question dans son discours d'investiture, le 14 janvier 2007, illustre parfaitement le ton de sa campagne. « La soumission de la femme, c'est le contraire de la République, ceux qui veulent soumettre leurs femmes n'ont rien à faire en France. La polygamie, c'est le contraire de la République. Les polygames n'ont rien à faire en France. L'excision, c'est une atteinte à la dignité de la femme, c'est le contraire de la République, ceux qui veulent la pratiquer sur leurs enfants ne sont pas les bienvenus sur le territoire de la République française. » Et plus loin, il ajoute : « Je veux être le président de la France des droits de l'homme. Chaque fois qu'une femme est martyrisée dans le monde, la France doit se porter à ses côtés. La France, si les Français me choisissent comme président, sera aux côtés des infirmières bulgares condamnées à mort en Libye. Elle sera aux côtés de la femme qui risque la lapidation parce qu'elle est soupçonnée d'adultère. Elle sera aux côtés de la persécutée qu'on oblige à porter la burka, aux côtés de la malheureuse qu'on oblige à prendre un mari qu'on lui a choisi, aux côtés de celle à laquelle son frère interdit de se mettre en jupe. »

Chacun des exemples cités pour désigner l'anti-France renvoie à un sujet qui a été mis au devant de l'actualité par les médias dans les années précédentes, et qui tous évoquent l'immigration en provenance du Maghreb et d'Afrique noire. Le cœur de la cible, ce sont les musulmans. On retrouve ici la même rhétorique que dans les paragraphes consacrés aux « clandestins ». Le but est toujours de définir l'identité nationale en dénonçant son contraire, dans la logique classique du « eux » et « nous ». Là aussi, il n'est pas abusif de qualifier ces propos de « xénophobes » au sens où l'islam n'est évoqué que par des traits négatifs, confortant ainsi les stéréotypes martelés par les médias depuis un quart de siècle.

Il faut toutefois préciser qu'à la différence du Front national Nicolas Sarkozy ne désigne jamais nommément le groupe qu'il montre du doigt. Néanmoins, il utilise la même technique de communication que Jean-Marie Le Pen. Comme on l'a vu dans le chapitre précédent, celui-ci a inventé une rhétorique adaptée à l'âge de la démocratie télévisée, procédant par allusions, en laissant le soin aux commentateurs et aux électeurs de compléter le raisonnement. Alors que Jean-Marie Le Pen joue avec les limites de la législation pénalisant les propos racistes et antisémites, Nicolas Sarkozy joue quant à lui sur la limite que représentent, pour un démocrate, les thèses du Front national. Dans le programme de ce parti, les « musulmans » et l'islam sont explicitement désignés comme une menace pour l'identité française. Sarkozy se contente, pour sa part, de le suggérer en reprenant la logique du portrait chinois.

Il pourra ainsi rétorquer qu'il ne s'attaque pas à la religion musulmane en tant que telle, mais seulement à sa frange extrémiste. Lorsqu'on sait qu'aujourd'hui un tiers des Français estiment que les musulmans ne sont pas des Français comme les autres, un homme politique défendant réellement les « valeurs républicaines » aurait dû, au minimum, préciser le sens de ses propos et marquer publiquement sa considération à l'égard des musulmans de France. Ce que Sarkozy se garde bien de faire. Dans ses meetings de campagne, on ne trouve pas une seule référence positive à l'Islam. Dans ses interviews, il accentue même très souvent la charge négative en faisant référence, par exemple, aux « moutons égorgés dans les appartements » (TF1, le 5 février 2007). Lors du discours de Caen, il évoque les religions juive, catholique et protestante comme des composantes légitimes de l'identité française, mais il n'a pas un seul mot à l'égard de la religion musulmane. [1]

En combinant les deux menaces (clandestins et communautaristes), Nicolas Sarkozy a donc fabriqué dans ses discours électoraux une nouvelle matrice national-sécuritaire, adaptée au contexte médiatique d'aujourd'hui, à l'intérieur de laquelle prendront place les autres arguments habituels dans ce genre de prose. Le « laxisme » à l'égard de l'immigration est ainsi présenté comme le symbole de la décadence et de la crise des valeurs que traverse la France. Ce thème est relié à la crise de l'école, la crise de l'autorité, la crise de la culture, etc.

Après avoir présenté un diagnostic sur les menaces terribles qui pèsent sur la nation, le candidat montre du doigt les responsables, à savoir les nouveaux immigrés qui ne respectent pas les « valeurs de la République ». Il peut dès lors proposer sa solution. Elle consiste à sévir contre les coupables. Telle est la principale raison qui explique sa décision de créer un « ministère de l'Immigration et de l'Identité nationale ». Nicolas Sarkozy a précisé les fonctions de ce futur ministère dans un entretien accordé au *Journal du dimanche*, le 11 mars 2007. Il affirme alors que « la politique de l'immigration, c'est

1. La charge contre le « communautarisme » a été menée non seulement en invoquant les « droits de l'homme », mais aussi au nom du « féminisme ». Sarkozy capitalise ainsi à son profit les bénéfices que la droite a tirés de « l'affaire du voile islamique », en jouant sur la mise en concurrence des bonnes causes. Le soutien apporté à cette entreprise par Fadela Amara, la fondatrice de l'association « Ni putes ni soumises », sera récompensé par un poste de secrétaire d'État dans le gouvernement Fillion.

l'identité de la France dans trente ans. Ceux qui nous rejoignent doivent la respecter, tout en apportant ce qu'ils sont ». Cette phrase, qui a été peu commentée, est à mes yeux d'une importance capitale, car elle montre parfaitement à quoi va servir désormais le discours sur « l'identité nationale ». Il s'agit d'établir un lien entre les trois types de missions dévolues à ce ministère : lutter contre l'immigration « clandestine », combattre le « communautarisme » et promouvoir une politique « d'intégration » autour des « valeurs de la République ».

La place centrale accordée à la langue française s'explique par le fait qu'elle peut à la fois fournir des arguments supplémentaires pour entraver l'émigration et des exemples concrets pour montrer les efforts accomplis par le gouvernement en faveur de l'intégration. Mais définir l'identité nationale à partir de la langue est totalement arbitraire. Au lendemain de la guerre de 1870, ce sont les historiens allemands, au nom d'une définition « ethnique » de la nation, qui ont retenu ce critère pour justifier l'annexion de l'Alsace-Lorraine ; Renan rejetant cette perspective au nom de la « volonté de vivre ensemble ». Il faudra donc que le ministère de l'Immigration et de l'Identité nationale nous explique un jour comment il compte s'y prendre pour combiner ce critère ethnique avec les « valeurs républicaines ».

Mais ce qui est le plus frappant dans la phrase de Nicolas Sarkozy citée plus haut, c'est le fait qu'elle recycle, dans le langage d'aujourd'hui, la vieille logique nationaliste, qui situe la menace que les étrangers font peser sur la France dans *l'origine* des personnes et non pas dans leurs *actes* effectifs. Les partisans des droits de l'homme ont, en effet, toujours défendu l'idée qu'il fallait avoir confiance dans les institutions républicaines pour transformer les individus, pour les « assimiler » ou pour les « intégrer », c'est-à-dire en faire des citoyens à part entière. Affirmer, comme l'a fait Sarkozy dans cet entretien, que la politique *actuelle* de recrutement des immigrés préfigurait ce que sera la France *dans trente ans*, c'est rétablir un déterminisme qui condamne à l'avance certaines catégories de personnes. On retrouve ainsi le problème que j'ai évoqué plus haut en évoquant la fixité des « valeurs républicaines » dans le discours électoral du candidat de l'UMP. Sélectionner les immigrants d'aujourd'hui à partir du critère des « valeurs républicaines », en affirmant qu'on protège ainsi ce que sera l'identité de la France dans le futur, c'est utiliser ces « valeurs » exactement comme les experts de la politique d'immigration utilisaient la race dans les années 1920, afin d'empêcher le métissage.

L'antirepentance et les ennemis de l'intérieur

L'une des caractéristiques majeure du nationalisme consiste, comme on l'a vu, à brandir l'argument de la menace étrangère pour discréditer toutes les formes de contestation des pouvoirs en place. La dénonciation du « communautarisme » a permis à Sarkozy de remplir cette partie du cahier des charges. L'offensive de la droite sur l'identité nationale s'est déroulée en deux étapes. Testée lors du discours de Caen (9 mars), elle a été confirmée par celui de Besançon (13 mars), sous la forme d'une réponse aux critiques, d'autant moins risquée que les sondages *ad hoc* avaient indiqué que le thème était « porteur ». Ceux qui ont protesté contre une opération dont le principal but était de récupérer les voix du Front national ont alors été dénoncés comme des ennemis intérieurs de la nation française. Le candidat de l'UMP a pu ainsi se présenter comme une victime, de la même manière que Jean-Marie Le Pen s'attaquait à la « bande des quatre » ou à « l'establishment ». L'exercice était évidemment beaucoup plus périlleux dans le cas de Sarkozy, compte tenu de ses liens avec le grand patronat et de ses fonctions politiques antérieures. D'où le rôle essentiel qu'a joué, ici aussi, la rhétorique.

Ses contradicteurs ont été accusés de ne pas « aimer la France », et de ne pas avoir « le courage » de parler de la nation. En inversant la relation dominant/dominé, il s'est présenté lui-même comme une victime mais aussi comme un héros, réactivant ainsi à son profit la vieille recette de Barrès. Le discours de Besançon est limpide à cet égard : « Parler de l'identité nationale ne me fait pas peur. J'ai bien compris que, pour certains, c'était un gros mot. J'ai bien compris que parler de l'identité nationale ce n'était pas convenable. J'ai bien compris que c'était un sujet tabou, qu'il était dangereux de s'aventurer sur ce terrain, qu'un homme politique soucieux de sa carrière devait éviter ce sujet. Mais je ne crois pas à la politique qui ne dit rien, qui ne pense rien, qui préfère se taire plutôt que prendre des risques. Je veux dire la vérité aux Français, je veux être sincère, je veux être honnête. C'est ma conception de la politique. C'est l'idée que je me fais de la dignité de la fonction présidentielle. C'est la ligne de conduite que je me suis fixée depuis le début de cette campagne. Je n'en changerai pas. Rien ni personne ne m'en fera changer. » Cette posture de victime, alimentée par les formules incantatoires du type « Pourquoi tant de haine ? » (Dijon, 23 avril), permettra de lancer, entre les deux tours, le thème de la « diabolisation ».

Nous en arrivons ainsi à un autre aspect essentiel du discours sur l'identité nationale véhiculé par Nicolas Sarkozy pendant la campagne des présidentielles : la dénonciation de la « repentance ». Rappelons que ce terme a été introduit dans le vocabulaire français au moment où l'Église catholique s'est livrée à une autocritique sur le rôle qu'elle avait joué sous Vichy et sur la protection longtemps accordée à Paul Touvier, condamné à mort par contumace pour son rôle dans la Milice. Si le mot était nouveau, l'utilisation qu'en a fait Sarkozy s'inscrivait quant à elle dans le droit fil du discours nationaliste que j'ai évoqué dans le chapitre I. De même que Maurice Barrès présentait la contestation sociale comme une menace pour la nation, de même il jetait le discrédit sur les intellectuels dreyfusards en dénonçant leurs critiques comme une attaque contre l'identité nationale.

On retrouve cette logique dans les flèches que Nicolas Sarkozy décoche contre les contempteurs de la « pensée 68 » et contre la « petite intelligentsia » qui dénigre la France. À la différence de Barrès, il ne s'en prend pas aux « intellectuels » puisque, désormais, ce mot sert à désigner ceux qui cautionnent le pouvoir. Le terme « intelligentsia » a l'avantage de suggérer que cette petite élite est coupée du peuple et n'aime pas la France. Les mêmes propos polémiques sont d'ailleurs lancés contre les artistes qui ont soutenu les « sans-papiers » de Cachan, présentés comme des « *people* » qui ne pensent qu'à se faire mousser devant les caméras de télévision (Lyon, 5 avril 2007).

Cette rhétorique est aussi utilisée pour dénoncer ceux qui portent un regard critique sur certains aspects du rôle de la France dans le passé. Le candidat de l'UMP a poussé le souci de consensus tellement loin qu'il refuse énergiquement de considérer la Révolution de 1789 comme une rupture dans l'histoire nationale. De même, la persécution des Juifs tout comme la colonisation sont, le plus souvent, abordées sur le mode de la réhabilitation, du genre « Tous les Français n'étaient pas pétainistes », « Tous les Français n'étaient pas des colons », etc. Dans le discours de Caen, l'accent est mis sur la Résistance, tout en minimisant le rôle joué par l'État français dans la politique antisémite. Nicolas Sarkozy présente la « Gestapo » comme responsable de la « prise d'otages » de Georges Mandel et de Léon Blum, sans un mot sur le rôle de la Milice ni sur le gouvernement de Vichy.

On peut se demander pourquoi le candidat de l'UMP a accordé une telle importance à des questions historiques que les professionnels de la politique ne sont pas les mieux placés pour traiter. La raison majeure tient au fait qu'en se saisissant de ces enjeux mémoriels il a pu satisfaire à une règle essentielle du discours national-sécuritaire : établir un lien entre les ennemis extérieurs et les ennemis intérieurs de la France. Tout comme Barrès, Nicolas Sarkozy appréhende ces questions dans un langage entièrement emprunté à la rhétorique de l'émotion. Il opère ainsi une confusion complète entre le registre rationnel de la critique et le registre affectif de la haine. De cette façon, il peut rejeter ceux qui ne partagent pas son point de vue dans le camp des ennemis de la France. Il le dit d'ailleurs explicitement dans son discours de Nice (30 mars 2007) : « Je veux dire aux Français qu'ils auront à choisir entre ceux qui aiment la France et ceux qui affichent leur détestation de la France. » [1]

Le but ultime de cette offensive consistait évidemment à utiliser le thème de l'identité nationale pour discréditer sa principale concurrente, Ségolène Royal. L'une

1. Le discours antirepentance a aussi certainement pour but de permettre à Nicolas Sarkozy de prendre ses distances avec l'ère Chirac. Dans cette élection, l'une des difficultés du candidat de l'UMP était en effet de se faire passer pour un homme neuf. Or Jacques Chirac avait marqué les esprits, par son discours du Vel' d'Hiv en juillet 1995, en reconnaissant la responsabilité de l'État français dans la persécution des Juifs de France, ouvrant du même coup la porte à d'autres revendications mémorielles, concernant principalement la colonisation et l'esclavage. En minimisant le rôle joué par le régime de Vichy, Nicolas Sarkozy a voulu se démarquer de la démarche adoptée par son prédécesseur.

des originalités du discours de Nicolas Sarkozy, par rapport à ses prédécesseurs, a résidé dans l'hommage appuyé qu'il a adressé aux leaders historiques de la gauche, notamment à Jean Jaurès et à Léon Blum. Cette « captation d'héritage » (François Hollande) est devenue possible parce que le parti socialiste a abandonné, depuis le début des années 1980, les références à la lutte des classes, le parti communiste n'ayant plus suffisamment d'influence pour les défendre sur la place publique. Le fait qu'une partie du monde ouvrier ne soit plus aujourd'hui représentée sur la scène politique a libéré un espace, partiellement occupé par le Front national, que le candidat de l'UMP a voulu récupérer en évoquant les grandes figures de la gauche [1].

Néanmoins, la logique même de la compétition politique, si elle permettait à Nicolas Sarkozy de vanter les mérites de la gauche d'hier, imposait de discréditer celle d'aujourd'hui. Il s'agit ici de montrer que cette dernière est coupée du peuple. C'est pourquoi il s'en prend à la « gauche élitiste, qui se donne bonne conscience à peu de frais et qui aime tellement les banlieues difficiles qu'elle n'y habite pas, qui aime tellement l'école publique qu'elle n'y met pas ses enfants, qui aime tellement les transports en commun qu'elle ne les prend jamais, qui aime tellement les impôts qu'elle veut en faire payer toujours plus à tout le monde sauf à elle-même » (Tours, 10 avril 2007).

1. L'étude du CVUH mentionnée plus haut (p. 85) montre que Jean Jaurès est cité à trente-sept reprises, Jules Ferry dix-sept, Charles de Gaulle douze et Léon Blum à sept reprises (les décomptes sont effectués sur six discours de Nicolas Sarkozy, entre celui de Tours le 10 avril et celui de Marseille le 19 avril 2007). Parmi les raisons qui expliquent cette « captation d'héritage », il faut sans doute invoquer le souci d'apparaître comme un homme de consensus, se plaçant au-dessus des affrontements partisans, et aussi la nécessité de contrebalancer son virage à droite en mobilisant des références de gauche.

Le déclin des luttes sociales ne permet plus à la droite d'accuser ses adversaires de fomenter la révolution pour servir les intérêts d'une puissance étrangère. Nicolas Sarkozy a donc réactivé ce type de raisonnement en prenant appui sur des problèmes placés au cœur de l'actualité d'aujourd'hui. Le thème de la délinquance, qui avait beaucoup servi à Jacques Chirac en 2002, n'a pas pu être vraiment exploité, car cela risquait de se retourner contre l'ex-ministre de l'Intérieur. Les incidents de la gare du Nord ont toutefois été largement utilisés pour accuser Ségolène Royal de défendre les criminels contre les policiers (discours de Tours, 10 avril 2007).

Néanmoins, comme on pouvait s'y attendre, l'argument principal de Nicolas Sarkozy pour dénoncer les socialistes comme des « ennemis de l'intérieur » a consisté à les présenter comme des partisans du « communautarisme ». On comprend mieux, dès lors, pourquoi les enjeux de mémoire ont pris une telle place dans la campagne électorale. Le candidat de l'UMP ne pouvait pas accuser sa principale adversaire d'être à la solde des terroristes islamistes, puisque le PS a été le premier à élaborer la rhétorique concernant les « valeurs républicaines » et « la laïcité » contre les intégristes musulmans. L'importance attachée par le candidat Sarkozy à la critique de la repentance s'explique par le fait que ce sont désormais les luttes mémorielles, et non plus les luttes sociales, qui alimentent le discours sur les « ennemis de l'intérieur ». C'est la principale raison qui explique pourquoi il a nié avec autant de force la coupure de 1789. Dans le discours de Caen, il affirme : « Ce que je sais, c'est que la gauche qui proclame que l'Ancien Régime ce n'est pas la France, que les croisades ce n'est pas la France, que la chrétienté ce n'est pas la France, que la droite ce n'est pas la France, cette gauche-là, je l'accuse de communautarisme historique. » On ne saurait être plus clair.

« L'identité nationale » dans le discours de Ségolène Royal

Pour mettre en relief la spécificité du discours sarkozyen sur l'identité nationale, je voudrais conclure ce chapitre par quelques remarques sur les autres candidats à l'élection présidentielle. Ils ont réagi à cette offensive de façon conforme à leur position sur l'échiquier politique et en fonction de leur propre intérêt électoral. Du côté de l'extrême droite, Jean-Marie Le Pen et Philippe de Villiers ont crié au plagiat, tout en développant un discours identitaire encore plus radical que celui de Nicolas Sarkozy [1]. À l'autre extrémité du champ politique, les candidats du PCF, des Verts et de l'extrême gauche ont dénoncé un « faux problème » et une opération « poudre aux yeux » destinée à empêcher tout débat sur les véritables enjeux du programme de l'UMP, notamment le démantèlement du service public et le renforcement des inégalités entre riches et pauvres. Le candidat centriste a déploré, lui aussi, une opération contraire aux engagements européens de la France. Selon François Bayrou, « ce n'est pas la nation qui est un problème, la nation a des problèmes : chômage, éducation, environnement, exclusion, économie » (*Le Monde*, 25 mars 2007).

La candidate socialiste ne pouvait pas ignorer que la question nationale serait placée par son adversaire au

1. Selon *Libération*, « le vieux leader d'extrême droite a moqué "une petite opération de racolage sur les terres du FN", mais il a pris soin d'approuver la suggestion de Sarkozy. Selon lui, refuser d'"associer immigration et identité nationale", comme l'a fait François Bayrou, c'est nier que "l'immigration puisse porter atteinte à l'identité nationale" alors "qu'il s'agit d'une terrible réalité" » (10 mars 2007). Pour le candidat du Mouvement pour la France (MPF), Philippe de Villiers, « l'identité nationale est menacée aujourd'hui par l'euromondialisme et le communautarisme, notamment islamique » (*Le Monde*, 21 mars 2007).

centre de la campagne, à un moment ou à un autre. Lors du meeting du 26 novembre 2006, qui marque le début de sa campagne, elle aborde ce thème en s'inscrivant en faux contre l'idée que les nations n'auraient plus de pouvoir en raison de la mondialisation. Elle ajoute même que « la nation n'est pas le monopole de la droite et encore moins de l'extrême droite » [2]. On constate d'autres points de convergence entre son programme et celui de Nicolas Sarkozy. Parmi eux, on retiendra surtout l'importance accordée à la laïcité, la dénonciation du « communautarisme » (qui, là non plus, n'est jamais défini) et aussi la place centrale faite à la question de la sécurité.

La similitude entre les deux discours se retrouve aussi dans l'usage d'une rhétorique destinée à faciliter l'identification du public. Dans le cas de Ségolène Royal, le procédé le plus fréquent ne tient pas dans le recours à la litanie, mais à l'anecdote. Tout au long de sa campagne, elle a voulu persuader ses électeurs que les Français avaient « participé » à l'élaboration de son programme, de façon à justifier le slogan imprimé sur ses affiches, « La France présidente ». C'est ce qui explique que les Français modestes soient fréquemment mis en scène dans ces discours. L'idée que la candidate est proche du peuple est suggérée par des formules du genre « Karim m'a dit… » ou par l'évocation de propos que lui ont tenus des personnes confrontées à de dramatiques difficultés professionnelles ou familiales.

Ces points communs s'expliquent par les contraintes qu'impose la compétition électorale. Néanmoins, lorsqu'on compare le discours de lancement de sa campagne avec celui de Nicolas Sarkozy, on constate que Ségolène Royal accorde une importance beaucoup plus limitée à l'identité nationale et à l'immigration. Ce thème n'apparaît pas comme un axe essentiel de son programme, centré sur l'éducation, la lutte contre les violences, le pouvoir d'achat et l'environnement. Contrairement à ce qu'ont affirmé beaucoup de commentateurs, il ne s'agit pas ici d'une « erreur » stratégique mais d'une conséquence du clivage droite/gauche, tel qu'il s'est structuré en France depuis l'affaire Dreyfus. Comme on l'a vu, les contraintes inhérentes au jeu politique exigent que chaque camp privilégie un thème fédérateur autour duquel il rassemble ses forces. Depuis un siècle, la droite a toujours privilégié le « national » contre une gauche rassemblée autour du « social ». La campagne des présidentielles de 2007 a démontré que ce clivage était toujours bien vivant, même s'il prenait d'autres formes que dans le passé [1].

Alors que le discours du candidat de l'UMP est entièrement tourné vers l'apologie du consensus national, le propos de Ségolène Royal fait une large place aux « rebelles », terme qu'elle affectionne particulièrement. Mais à la différence de Jean Jaurès ou de Léon Blum, ce n'est plus la classe ouvrière qui sert d'équivalent général pour nommer toutes les formes de résistance. Dans le discours de Ségolène Royal, ce sont les « femmes » qui jouent ce rôle.

Comme Nicolas Sarkozy, elle reprend à son compte la pédagogie du *Tour de la France par deux enfants*. Chaque étape est l'occasion de célébrer la « petite patrie » où elle se trouve, pour glorifier la grande. Néanmoins, elle ne privilégie pas les mêmes événements que son concurrent de l'UMP. À Paris, elle célèbre la prise de la Bastille, à Toulon elle évoque les combats de la période révolutionnaire, à

1. Ségolène Royal pouvait d'autant moins forcer le trait sur la question nationale, dans son discours de lancement de campagne, que celui-ci a été lu en présence de plusieurs dirigeants du socialisme européen et notamment de Georges Papandréou, président de l'Internationale socialiste. Ce qui nous rappelle opportunément que le parti socialiste reste aujourd'hui encore membre de la IIe Internationale, née à la fin du XIXe siècle.

Limoges elle honore la mémoire de la ville rouge, à Carmaux elle rappelle que Jaurès fut avant tout le député des mineurs en lutte contre l'exploitation capitaliste. De la même manière, les événements célébrés par Ségolène Royal sont très souvent des dates essentielles dans l'histoire des luttes sociales : le 1er mai, le 8 mars, le 6 février 1934, Mai 68, etc. Les personnalités qu'elle place dans son propre Panthéon sont très souvent des femmes, depuis Jeanne d'Arc « la rebelle » jusqu'à Ingrid Bettancourt, en passant par Olympe de Gouges et Louise Michel, sans oublier la chanteuse de rap Diam's. Le féminisme apparaît ainsi comme le grand principe d'équivalence, qui joue la même fonction structurante dans le discours de la candidate socialiste que l'apologie des « valeurs républicaines » dans celui de Sarkozy. La logique est identique dans les deux cas, car elle est imposée par une compétition qui a pour enjeu la représentation du peuple français tout entier. Pour Ségolène Royal, l'identité nationale a le visage d'une femme et trouve son principe de continuité dans les combats multiséculaires que les femmes ont menés contre l'ordre établi jusqu'à aujourd'hui. Finalement, comme le suggèrent clairement les affiches où son visage apparaît en gros plan sous le slogan « La France présidente », l'identité nationale, c'est elle.

Le féminisme permet de faire aussi la jonction avec la jeunesse. Ségolène Royal rêve d'une France qui entende ce que lui dit Diam's dans sa chanson « Ma France à moi » : « Y faut pas croire qu'on la déteste mais elle nous ment. [...] Ma France à moi leur tiendra tête jusqu'à ce qu'ils nous respectent » (discours de Toulon, 17 janvier 2007). Elle prend la défense des rappeurs dénoncés par la droite comme un mauvais exemple pour la jeunesse, en rappelant la tradition frondeuse de la chanson populaire française (Paris, 6 février 2007). Mais paradoxalement,

Ségolène Royal exploite davantage le thème des « racines » et du terroir que son principal concurrent. On le voit clairement dans le discours prononcé à Metz, où elle rappelle son enfance dans un village lorrain et ses études au collègue de Charmes, la ville natale de Barrès (12 avril). Cela lui permet de se présenter elle-même dans la lointaine continuation de « Jeanne la Rebelle ». Le féminisme est enfin mobilisé pour dénoncer la violence. Ségolène Royal n'hésite pas à revenir fréquemment sur le thème sécuritaire en citant des faits divers qui prouvent, selon elle, que Nicolas Sarkozy a échoué quand il était ministre de l'Intérieur. Elle se présente comme celle qui saura mettre un terme à cette violence.

Cela n'empêche pas que, dans le discours électoral de Ségolène Royal, la question de la sécurité soit déconnectée de la question nationale. Certes, elle va répondre à l'offensive sarkozyenne en affirmant elle aussi qu'il faut défendre l'identité nationale, mais la cause de son affaiblissement est à chercher, à ses yeux, dans l'aggravation des inégalités sociales. On retrouve ici un argument classique de la gauche, que j'ai évoqué dans le chapitre I, à propos de Jaurès. Toutefois, comme c'était déjà le cas chez le député de Carmaux, la question nationale occupe une place secondaire par rapport aux thèmes majeurs de sa campagne : la pauvreté, les bas salaires, les inégalités sociales, l'insécurité sociale (notamment les accidents du travail, fréquemment évoqués, alors que Sarkozy n'en parle jamais). Les responsables de cette crise sociale, ajoute Ségolène Royal, ce sont les milliardaires qui s'enrichissent grâce à la spéculation et le capitalisme américain défendu par Georges Bush, auquel la candidate socialiste assimile Nicolas Sarkozy. Pour elle, la « crise des valeurs », c'est d'abord l'apologie des valeurs boursières et des stock-options (Paris, 6 février).

Il faut souligner aussi le fait que, dans le discours de Ségolène Royal, la question de l'immigration n'est jamais abordée sous l'angle de la menace. Certes, la candidate socialiste reconnaît qu'il faut lutter contre l'immigration clandestine, mais elle préfère insister sur les apports de l'immigration (Marseille, 23 mars). On constate également que le féminisme n'est pas utilisé pour stigmatiser l'islam, comme c'est le cas dans le discours de Nicolas Sarkozy, où c'est la seule fonction qu'il remplit. Le féminisme sert fréquemment de tremplin pour aborder la question des discriminations. La candidate socialiste met en cause ceux qui distinguent les générations, comme s'il existait des Français de différentes catégories (Toulon, 17 janvier). Elle prend la défense de la « France colorée », en mettant en équivalence les discriminations subies par les femmes et celles auxquelles se heurtent les jeunes en raison de leur patronyme ou de la couleur de la peau (Lyon, 27 avril). À l'opposé de Nicolas Sarkozy, Ségolène Royal défend aussi la nécessité d'un examen critique de l'histoire de France, en insistant sur ses pages les plus sombres, notamment l'esclavage, la colonisation et la période de Vichy. L'importance accordée à la question des luttes et des « rebelles » explique son refus d'établir une continuité entre la France des rois et la République. Là encore, Ségolène Royal prolonge la tradition de gauche depuis l'affaire Dreyfus en revendiquant la coupure de 1789 entre l'Ancien Régime et la République (Paris, 6 février).

Lorsque Sarkozy a lancé son offensive sur le ministère de l'Immigration et de l'Identité nationale, Ségolène Royal s'est retrouvée, toute proportion gardée, dans la situation de Jaurès juste avant la Première Guerre mondiale, quand la droite a lancé son projet sur la prolongation de la durée du service militaire, la « loi des trois ans », votée en 1914. La position de la SFIO dans le champ politique l'obligeait à la fois à critiquer l'extrême gauche antimilitariste tout en contestant le nationalisme de la droite. De la même façon, Ségolène Royal a été contrainte de démontrer que la gauche ne négligeait nullement la question nationale, en chantant *La Marseillaise* devant les caméras et en appelant les Français à mettre des drapeaux tricolores aux fenêtres. Dans plusieurs meetings, elle a affirmé : « Il était temps de se réapproprier l'identité nationale », tout en se livrant à un laborieux commentaire des paroles de l'hymne national sur « le sang impur » pour démontrer que les Français avaient « mal compris » le sens de ces paroles patriotiques (Marseille, 23 mars).

Un examen attentif des discours de campagne montre donc que la définition royalienne de l'identité nationale s'inscrit dans le prolongement de la perspective jauré-sienne. Elle est appréhendée sous l'angle du patriotisme et non du nationalisme. Comme je l'ai dit plus haut, en dépit de l'importance que la candidate accorde au thème sécuritaire, il n'est pratiquement jamais connecté à la question de l'immigration. Si l'on excepte quelques références au capitalisme international, l'identité nationale n'est pas définie comme la réponse à une menace.

Conclusion : nationalisme et patriotisme *as usual*

Au terme de ce chapitre, nous comprenons mieux pourquoi le thème « immigration et identité nationale » a été un tournant dans la campagne électorale. Le simple fait d'imposer l'idée que « notre identité » était aujourd'hui menacée, et qu'il s'agissait d'un problème majeur pour l'avenir de la France, a permis au candidat de l'UMP de placer le débat sur le terrain de prédilection de la droite, en marginalisant du même coup les questions de société plus favorables à la gauche.

Pour caractériser le discours sarkozyen, j'ai utilisé l'expression de « nationalisme soft » [3]. On y retrouve en effet la principale caractéristique du nationalisme, qui consiste à conforter le « nous » national en dénonçant la menace que les étrangers (« eux ») font peser sur lui. Mais le rejet s'exprime désormais dans un langage adapté aux contraintes de la démocratie du public. L'ennemi de l'extérieur n'est plus désigné par un nom national (Allemand), politique (bolchevik), ethnique (Arabe) ou religieux (Juif). Il est simplement suggéré par le terme vague, jamais défini, de « communautarisme ». Seul le contexte permet de comprendre que ce sont les musulmans qui sont visés, car dans les discours de campagne de Nicolas Sarkozy ceux-ci sont toujours évoqués à travers des caractéristiques négatives. On voit donc que la tentative faite pendant la période où il était ministre de l'Intérieur, visant à gérer des clientèles électorales sur une base religieuse, a été abandonnée pendant la campagne présidentielle. Étant donné que l'électorat du FN était la clé de cette élection, le candidat de l'UMP a décidé de jouer la carte identitaire majoritaire contre les musulmans.

En utilisant les stéréotypes inculqués dans l'opinion par les médias, Nicolas Sarkozy est parvenu à capter à son profit les réflexes de haine et les fantasmes qui existent dans une partie de la population française à l'égard des « immigrés d'origine maghrébine », le mot « communautarisme » fonctionnant ici comme un slogan de publicité négative, le chiffon rouge qui suscite la fureur du taureau. Le candidat de l'UMP a répondu à ces critiques en dénonçant des procès d'intention, car il n'est pas « nationaliste » et encore moins « raciste ». C'est pour défendre toutes les bonnes causes (la laïcité, les droits de l'homme, le féminisme, etc.) qu'il a attaqué le « communautarisme ». Comme je l'ai dit dans l'introduction de ce livre, l'historien n'a pas à émettre des jugements de valeur. Son rôle n'est pas de suspecter les intentions ou la moralité du politicien. Il doit simplement analyser les relations de pouvoir dans la France d'aujourd'hui. La vérité du discours sarkozyen sur l'identité nationale ne réside pas dans ses formulations explicites mais dans sa *réception* au sein du public qu'il vise.

Dans ces conditions, la seule façon de trancher le débat sur la signification des discours politiques qui fonctionnent par suggestion et par slogan, c'est de mesurer comment ils sont reçus par ceux auxquels ils s'adressent. Les enquêtes qui ont été réalisées à ce sujet fournissent une confirmation éclatante des analyses de ce chapitre. Les sondages ont immédiatement montré que 88 % des électeurs du Front national soutenaient la création du « ministère de l'Immigration et de l'Identité nationale » proposée par Nicolas Sarkozy. Mais l'exaltation de la fierté d'être français a eu pour contrepartie la stigmatisation de ceux qui se sont sentis directement visés par les propos du candidat de l'UMP. Les sondages réalisés à la sortie des urnes, lors du premier tour de la présidentielle, indiquent en effet que seulement 1 % des citoyens se disant « musulmans » ont voté pour lui ! [1]

1. L'institut CSA/CISCO a effectué, pour le journal *La Croix*, un sondage à la sortie des bureaux de vote, le 22 avril 2007. Ce sondage a porté sur 5 009 personnes. Sur ce total, 5 % des sondés ne se sont pas prononcés, 25 % se sont déclarés sans religion, 30 % se sont déclarés catholiques pratiquants réguliers ou occasionnels, 34 % catholiques non pratiquants, 2 % protestants, 1 % juifs et 3 % musulmans. On constate que le vote des 150 électeurs s'étant déclarés « musulmans » est radicalement différent de celui de l'opinion moyenne : 14 % d'entre eux se prononcent pour l'extrême gauche (au lieu de 9,5 %), 64 % ont choisi Ségolène Royal (au lieu de 25,9 %), soit

En annonçant qu'il allait créer un « ministère de l'Immigration et de l'Identité nationale », Nicolas Sarkozy a donc réussi à récupérer les voix de l'extrême droite, mais ces propos ont été ressentis par toute une communauté comme une marque de rejet et de mépris, conformément à la logique nationaliste classique du « nous » contre « eux ».

un total gauche/extrême gauche de 78 %, à comparer à un score national de 35 %. À l'inverse, Jean-Marie Le Pen ne recueille que 1 % au lieu de 10,4 % en moyenne nationale. De même, 1 % des électeurs se disant « musulmans » ont voté pour Nicolas Sarkozy, soit 30 fois moins que sa moyenne nationale ! L'étroitesse de l'échantillon impose une certaine prudence dans l'analyse de ces données, mais, pour une fois, les chiffres parlent d'eux-mêmes !

IV. Le rôle des médias *ou* Comment faire du neuf avec du vieux

Dans un régime démocratique, les professionnels de la politique ne peuvent atteindre leurs électeurs que si leur message est relayé par les grands moyens d'information. Pour compléter notre analyse sur les usages de « l'identité nationale » pendant la campagne électorale de 2007, il faut donc examiner la manière dont le slogan a été diffusé par les médias. Cette question est d'autant plus importante qu'elle a fait l'objet, elle aussi, d'une vive polémique. Plusieurs candidats, notamment François Bayrou, ont reproché aux journalistes des grands groupes audiovisuels de manquer à leur devoir d'objectivité en privilégiant Nicolas Sarkozy. Ils ont étayé cette accusation en rappelant que celui-ci était l'ami personnel des grands patrons qui concentrent aujourd'hui entre leurs mains les principaux moyens de communication.

Cette polémique illustre l'ampleur de la crise des médias que j'ai évoquée au chapitre II. Néanmoins, il n'était pas possible, dans le cadre de ce livre, de l'analyser de façon approfondie. Je me suis donc limité à examiner la façon dont les journalistes ont traité le thème de « l'identité nationale », au cours de cette élection, en montrant comment il a été relayé par la télévision et par les deux quotidiens qui ont pris clairement position pendant cette campagne, l'un pour Nicolas Sarkozy (*Le Figaro*) et l'autre pour Ségolène Royal (*Libération*).

Comment lancer un slogan qui fait mouche ?

Pour alimenter la réflexion sur l'impartialité des journalistes pendant la campagne des présidentielles, je partirai d'une comparaison avec les élections législatives d'avril-mai 1936. À l'encontre des analyses souvent très dénonciatrices dont font l'objet aujourd'hui les médias, il faut d'abord constater que la polémique du printemps 2007 est la preuve que l'objectivité reste une norme centrale dans l'échelle des valeurs des professionnels de l'information. On peut même dire que cette norme est aujourd'hui beaucoup plus impérieuse que dans les années 1930. Lors des législatives du printemps 1936, en effet, la contrainte de neutralité a été respectée pour la radio, qui était encore un monopole d'État. Mais la presse de masse, qui modelait alors, comme on l'a vu, l'opinion publique, a pris fait et cause pour la droite, au nom du combat contre le bolchevisme. Seuls les journaux militants comme *L'Humanité* (communiste) ou *Le Populaire* (socialiste), dont l'audience était relativement limitée, ont soutenu le camp antifasciste. L'engagement explicite des faiseurs d'opinion en faveur de la droite n'a pourtant pas empêché la gauche de gagner ces élections, preuve que les partis politiques disposaient alors d'une réelle autonomie par rapport à la presse de masse.

La façon dont les journalistes ont animé la campagne de l'élection présidentielle de 2007 illustre parfaitement les bouleversements qui ont affecté le monde de la communication à partir des années 1980. Étant donné qu'aujourd'hui plus des deux tiers des Français s'informent en regardant le journal télévisé, c'est à ce niveau que s'élabore désormais le sens commun en matière politique. La plupart des dirigeants des grands groupes audiovisuels sont de droite et soutiennent les partis de droite. De ce côté-là non plus, il n'y a rien de neuf sous le soleil. Néanmoins, les enjeux économiques sont devenus tels que les directeurs de chaînes ont les yeux rivés sur l'audimat. La campagne électorale a fait la une de l'actualité pendant plus de six mois, ce qui montre que les journalistes sont de plus en plus dépendants du monde politique, car celui-ci leur fournit une bonne partie des matériaux dont ils ont besoin pour exercer chaque jour leur métier. Mais les contraintes de l'audimat obligent les chaînes à faire preuve d'une extrême prudence pour ne pas donner l'impression qu'elles avantagent la droite ou la gauche, car cela risquerait de froisser une partie des téléspectateurs et donc de nuire à l'audience. Un autre élément qui renforce cette contrainte de neutralité tient au fait que la logique même de l'information-spectacle incite les chaînes à traiter les événements politiques comme une compétition sportive, mettant aux prises des champions qui luttent à armes égales pour gagner le match. Il faut donc du suspense, des renversements de situation et, surtout, il faut que les journalistes soient perçus comme des observateurs impartiaux qui se contentent de décrire et de commenter l'événement.

Lorsqu'on a ces données en tête, on comprend mieux pourquoi la question du « ministère de l'Immigration et de l'Identité nationale » est devenue un enjeu majeur de la campagne présidentielle. Dans un univers où les contraintes de neutralité apparentes sont devenues impérieuses, le principal objectif d'un candidat qui lutte pour la victoire finale, c'est de mettre au centre du débat public les thèmes qui sont les plus porteurs pour lui.

C'est ce qu'a réussi à faire Nicolas Sarkozy, comme on l'a vu dans le précédent chapitre. La façon dont il a lancé son opération de communication confirme le rôle central joué par la télévision.

C'est dans un cadre qui intégrait tous les ingrédients de la politique-spectacle qu'il a lancé son « scoop ». L'annonce de la création de ce nouveau ministère a été faite, en effet, au cours de l'émission « À vous de juger », diffusée en direct par France 2, le 8 mars 2007 [1]. La concurrence pour l'audience contraint les chaînes à imaginer de nouvelles formules, destinées à réactiver l'intérêt des téléspectateurs pour la politique, en les faisant « participer » fictivement aux débats. Pour atteindre ce but, les responsables du service politique de France 2 ont utilisé la vieille recette consistant à donner la parole à de simples citoyens, représentatifs de tous les milieux sociaux, afin qu'ils dialoguent « en direct » avec le candidat. Pour stimuler l'intérêt des téléspectateurs, l'émission a été introduite par un sujet sur la vie privée de Sarkozy, où nous avons pu découvrir Nicolas quand il était petit, ses souffrances d'enfant de parents divorcés. En avouant ses blessures intimes, le candidat nous a convaincus que, contrairement à ce qu'affirment ceux qui le « diabolisent » sans cesse, il était vraiment « humain » [1].

Après cette entrée en matière, la journaliste Arlette Chabot, qui dirige le service politique de la chaîne, a posé quelques questions à son invité, lui donnant ainsi la possibilité de délivrer d'emblée le message qu'il voulait adresser aux Français. Le moment était venu pour lui de lancer l'opération permettant de replacer la question de l'immigration au centre du jeu. Mais pour que ses propos aient un réel impact, il ne pouvait pas se contenter de

1. Je rappelle que 44,5 millions de Français ont été appelés aux urnes les 22 avril et 6 mai 2007.

répéter simplement ce qui avait déjà été dit mille fois auparavant sur ce sujet éculé, et qu'il avait lui-même martelé quand il était ministre de l'Intérieur, puis dans ses meetings et interviews de campagne. Il fallait donner du grain à moudre aux journalistes, pour qu'ils puissent faire leur travail et pour que la chaîne tire profit du « scoop » offert par le candidat de l'UMP.

Cette émission a été diffusée à un moment où, d'après les instituts de sondages, l'écart entre les principaux candidats était en train de se resserrer. Il fallait donc relancer le match, en repartant à l'offensive. C'est ce contexte qui a incité Nicolas Sarkozy à annoncer ce soir-là que, s'il était élu, il nommerait un gouvernement resserré autour de quinze « ministères qui ne ressembleraient pas à ceux d'aujourd'hui, parce que je crois qu'un pays de soixante-quatre millions d'habitants doit avoir un nombre limité de ministères, mais des ministères rebâtis. Par exemple, je veux un ministère de l'Immigration nationale et de l'Identité nationale, parce qu'aujourd'hui le dossier de l'immigration est explosé en trois ministères différents ». Il ajoute qu'il veut former une équipe soudée, « avec des personnalités qui viendraient d'autres formations politiques que la formation politique majoritaire ».

Le plus intéressant, c'est de constater que, sur le coup, le « scoop » de Sarkozy a fait un « flop ». À aucun moment, au cours de cette longue émission, la question de « l'identité nationale » n'a été abordée. La formule n'a même pas été relevée par Arlette Chabot, ni par ses invités [1]. Apparemment, la journaliste n'a pas saisi la balle au bond, elle n'a pas compris en quoi consistait le cadeau que le candidat venait de faire à sa chaîne. Elle

1. Philippe Bernard a noté ce silence initial : « Ce message a été délivré sur France 2, jeudi 8 mars, sans susciter sur le moment la moindre interrogation » (*Le Monde*, 20 mars 2007).

le titille sur la question de « l'ouverture », thème qui sera mis au centre du jeu pendant la campagne des législatives, mais qui ne correspondait pas à l'actualité du jour [1].

Il faut dire, à la décharge de la journaliste, que Nicolas Sarkozy a en partie raté son coup ce soir-là. Nous avons ici la confirmation qu'il existe toujours une marge d'incertitude dans les émissions « en direct ». Si l'on en croit le script de l'émission, le candidat aurait en effet annoncé la création d'un « ministère de l'Immigration nationale et de l'Identité nationale ». Il y avait évidemment ici un « national » de trop. Et tous les publicitaires savent que, lorsqu'on lance un nouveau produit, chaque mot du slogan doit être pesé et soupesé avant d'être diffusé dans le public, si l'on veut qu'il fasse mouche.

À cela s'ajoute un autre problème, qui tient au fait que, dans une émission comme celle-ci, le candidat maîtrise beaucoup moins bien son agenda que dans un meeting ou même lors d'une interview en tête à tête avec un journaliste. La « participation » du public entraîne en effet des interactions en partie aléatoires. C'est le prix que le politicien doit payer pour espérer une audience forte. De fait, cette émission a fait un tabac. Le site de l'UMP nous apprend qu'elle a battu un « record d'audience », puisque plus de cinq millions de téléspectateurs en moyenne l'ont suivie, avec une pointe de 6,2 millions de personnes. L'une des raisons de ce succès tient au fait que des Français ordinaires, auxquels les téléspectateurs ordinaires pouvaient s'identifier, ont été invités à poser des questions au candidat. Quand on examine leurs interventions, on

1. C'est peut-être pour cela que Nicolas Sarkozy a demandé à Arlette Chabot, pendant l'émission : « Mais pourquoi êtes-vous si désagréable avec moi ? » – question qui permettait aussi de dissiper les rumeurs sur la proximité de cette journaliste du service public avec le dirigeant de l'UMP.

s'aperçoit que ce n'est pas l'immigration ni l'identité nationale qui les préoccupent, mais des problèmes beaucoup plus « terre à terre ». Ils interrogent Nicolas Sarkozy sur la question des heures supplémentaires, sur son slogan « Travailler plus pour gagner plus », sur sa politique sécuritaire à l'égard des multirécidivistes, sur la réduction des effectifs de la fonction publique, sur la baisse des droits de succession, l'avenir de la médecine, etc. Finalement, la plus grande partie de cette émission a été consacrée à des questions économiques et sociales.

Étant donné que la télévision diffuse aujourd'hui les sujets dont tout le monde parle, parce que tout le monde les connaît, la prestation de Nicolas Sarkozy sur France 2 a été commentée par tous les autres canaux d'information pendant la journée du 9 mars (chaînes de télévision, radios, sites Internet, presse écrite). Mais l'analyse de ces commentaires montre que la question du « ministère de l'Immigration et de l'Identité nationale » a été alors complètement passée sous silence. Le fameux discours de Caen, prononcé le soir du 9 mars, a donc eu pour fonction d'imposer un thème de campagne que l'intervention télévisée de la veille n'avait pas suffi à rendre évident. Néanmoins, ce discours, calé sur la définition de « l'identité nationale », ne revient pas sur la création du ministère. Ce qui laisse ouverte la possibilité d'une reformulation. Les remous provoqués par cette annonce chez les centristes (notamment la désapprobation de Simone Veil, pourtant ralliée à Sarkozy) expliquent les hésitations des jours suivants. L'importance cruciale des sondages apparaît alors en pleine lumière, puisque c'est l'enquête *ad hoc*, commandée par le staff du candidat pour mesurer *in vivo* l'impact de sa provocation calculée, qui, finalement, l'incitera à graver dans le marbre de l'État républicain l'intitulé hasardeux de ce ministère.

La dernière étape de son offensive médiatique montre que les opérations commencées à la télévision s'achèvent aussi à la télévision. Nicolas Sarkozy va en effet porter l'estocade finale en mobilisant la Grosse Bertha que constitue aujourd'hui TF1 en matière de communication dominante. Opportunément invité au journal de 20 heures, le 14 mars, par le présentateur-vedette de la maison, Patrick Poivre d'Arvor, le candidat de l'UMP peut enfoncer le clou. Le journaliste assure son devoir d'objectivité en relayant les critiques qui ont été émises dans les jours précédents, concernant l'intitulé du ministère et la stratégie du candidat à l'égard de l'extrême droite. Mais ce faisant, il cautionne l'idée que le « problème » privilégié par Nicolas Sarkozy est un thème essentiel dans la campagne électorale. Une grande partie de l'entretien est en effet centrée sur la polémique ouverte par l'annonce de ce ministère. Sarkozy peut alors répéter dans le langage « populaire » qu'il affectionne, quand il passe à la télévision, les thèses qu'il a développées la veille lors du meeting de Besançon. Il se présente à nouveau comme la victime d'une « pensée unique » qui veut l'empêcher d'exprimer son amour pour la France. Même ses amis lui disent : « "Ah ! tu sais, Nicolas, il ne faut pas parler trop fort. Il ne faut pas faire de propositions, il faut penser rien et proposer rien." Et je dis : "Eh bien, non, je ne suis pas d'accord. L'immigration c'est un grand sujet..." [2] »

« Le Figaro » à la rescousse

Dans un système de communication dominé par l'audiovisuel, la presse écrite joue, comme je l'ai dit au chapitre II, un double rôle. C'est la tête chercheuse qui élabore les thèmes que la télévision transformera, le cas échéant, en données du sens commun. Mais la presse a aussi pour fonction de commenter chaque jour les données objectivées par la télévision. La plupart des journaux et des hebdomadaires affichent aujourd'hui une neutralité de bon aloi, comparable à celle des chaînes télévisées, car l'audience de la presse militante s'est véritablement effondrée depuis les années 1980. Néanmoins, le clivage droite/gauche existe toujours, comme le montrent la façon contrastée dont *Le Figaro* et *Libération* ont traité la question du « ministère de l'Immigration et de l'Identité nationale ».

L'avidité avec laquelle *Le Figaro* – journal qui est aujourd'hui, rappelons-le, sous la coupe de l'avionneur Serge Dassault, sénateur UMP dont le fils, Olivier Dassault, est député UMP de l'Oise – s'est emparé de cette question confirme, si besoin était, l'importance que la droite lui a d'emblée accordée. C'est le passage de Nicolas Sarkozy à l'émission de France 2 qui a déclenché la campagne du journal sur ce thème. Entre le 1er janvier et le 8 mars 2007, « l'identité nationale » n'avait pratiquement jamais été abordée. Après la journée de « latence » du 9 mars, c'est un véritable matraquage. La base de donnée du site Internet du *Figaro* indique qu'environ 300 articles ont été écrits sur ce sujet entre la mi-mars et la mi-juillet ! Dès le 10 mars, le journal lui consacre quatre papiers, pour évoquer notamment « l'affolement du PS ».

Le soutien apporté par *Le Figaro* à ce nouveau thème de campagne apparaît bien dans l'éditorial du directeur adjoint de la rédaction du journal, Yves Thréard, publié le 15 mars 2007. Celui-ci reprend à son compte les principaux arguments martelés par Nicolas Sarkozy dans ses discours de campagne. Il s'attaque tout d'abord à ceux qu'il appelle les « beaux esprits de la République », qui accusent Nicolas Sarkozy de « néofascisme ». À l'encontre de ces propos, qu'il juge « ridicules », Thréard salue le

« courage » du candidat de l'UMP. Ses propos sur l'immigration et l'identité nationale ont, dit-il, mis « le doigt, en associant ces deux notions, sur l'un des enjeux majeurs posés à notre pays ». En effet, la France est confrontée au même problème que les autres « pays occidentaux », car aucun d'entre eux n'a réussi, « quoi qu'on dise, l'accueil de ces millions d'immigrés de l'hémisphère Sud en quête d'un improbable eldorado, de leurs enfants ou petits-enfants ».

La touche humaniste, que la droite doit désormais ajouter pour rendre crédible son discours national-sécuritaire, apparaît ensuite. Yves Thréard souligne en effet que c'est la volonté de « construire ensemble » qui définit l'identité nationale, et non la race, l'origine ou la religion. Associer immigration et identité nationale correspond à une « louable ambition », ajoute le journaliste, « celle de mieux intégrer pour réinventer un destin collectif, aujourd'hui en panne ». En effet, « cette envie d'adhésion existe de moins en moins. Ainsi se creuse la fracture sociale, monte le racisme, se développe la violence ». C'est parce que le « sentiment [national] est de moins en moins perceptible, évident, cultivé, que l'unité de la France est menacée, à tout moment, par des émeutes comparables à celles de novembre 2005. Voire pires ».

Comme on le voit, tous les ingrédients du discours national-sécuritaire sur l'identité nationale depuis le début du XXe siècle se retrouvent condensés dans ce commentaire. Néanmoins, quand on compare les propos du directeur adjoint de la rédaction du *Figaro* avec ceux qui étaient diffusés à longueur de colonnes par le même journal vingt ans plus tôt, on constate quelques changements. Tout d'abord, le thème de la menace démographique a disparu. Ensuite, la stigmatisation des immigrés ne se fait plus par un discours dénonçant explicitement le choc des civilisations, l'incompatibilité entre la religion chrétienne et l'islam. La version proposée par Thréard apparaît donc totalement en phase avec le « nationalisme convenable » défendu aujourd'hui par la droite sarkozyenne.

On peut souligner par ailleurs que même un quotidien aussi clairement engagé à droite que *Le Figaro* éprouve le besoin aujourd'hui de donner des gages d'objectivité à ses lecteurs. C'est la raison pour laquelle la majorité des articles publiés sur le thème « Immigration et identité nationale » n'ont pas pour but d'exalter l'identité française. Ils cherchent surtout à démontrer qu'il s'agit là d'un problème fondamental pour l'avenir de la France. L'instrument essentiel qui va permettre à ce quotidien de marteler cette évidence, c'est le sondage commandé à l'institut Opinion Way, pour le « politiscope » du *Figaro* et de la chaîne télévisée LCI, dont les résultats sont publiés le 16 mars. Cette enquête affirme que « les Français » approuvent à 55 % la création du nouveau ministère de l'Immigration et de l'Identité nationale. La proportion atteint 88 % dans l'électorat du Front national, alors que 73 % des électeurs socialistes sont contre. L'enquête montre aussi que près des deux tiers des sondés sont d'accord avec Nicolas Sarkozy quand il affirme que les immigrés souhaitant venir en France doivent adhérer à cette « identité nationale ».

Le Figaro a donc réitéré, au printemps 2007, l'opération lancée au début des années 1980. À cette époque, on l'a vu, ce journal avait déjà puissamment légitimé l'offensive de la droite sur l'identité nationale en utilisant les sondages. Comme toujours dans ce type de manipulations de l'opinion, la réponse figure dans la question. En demandant aux personnes sondées : « Seriez-vous choqués par la création d'un ministère de l'Immigration et de l'Identité nationale ? », l'institut allait au devant des désirs de son client. Depuis vingt ans, en effet, toutes les enquêtes d'opinion réalisées sur ce thème ont abouti aux mêmes réponses, car elles ne font qu'enregistrer des émotions et des réflexes, inculqués par les médias et non pas de véritables prises de position politiques. Il était donc évident que les sondages confirmeraient que les Français « pensent » comme Nicolas Sarkozy. On constate d'ailleurs que la proportion de ceux qui ont approuvé ce ministère est quasiment identique à celle qui estime qu'il y a « trop d'étrangers en France » [3]. On peut faire l'hypothèse qu'il s'agit des mêmes personnes.

L'utilisation de ce sondage a permis au *Figaro* de se retrancher derrière ce que « pensent les Français » pour justifier l'offensive du candidat ayant les faveurs des grands patrons. Désormais, aucun journaliste, comme aucun politicien aspirant à jouer dans la cour des grands, ne peut affirmer que la question de l'identité nationale est un « faux problème », une simple magouille électorale destinée à flatter les préjugés de la fraction la plus xénophobe de la population. Grâce à ce sondage, *Le Figaro* n'a plus besoin de polémiquer avec ses adversaires. Par exemple, il suffit, pour la discréditer, de signaler que Ségolène Royal a trouvé « ignoble » le lien établi par Sarkozy entre l'identité nationale et l'immigration. Comment, en effet, une candidate qui traite de cette manière une proposition approuvée par la majorité des citoyens pourrait-elle représenter le peuple français ?

Les « intellectuels » entrent en scène

La dernière facette du travail de légitimation que je voudrais évoquer a été menée par *Le Figaro littéraire*, qui publie dans son édition du 15 mars un « débat » entre l'« historien » Max Gallo et le « philosophe » Alain Finkielkraut, intitulé « Comment peut-on être français ? ».

Il s'agit ici de montrer au public que les « intellectuels » les plus éminents soutiennent la proposition de Nicolas Sarkozy. Mais l'exercice se heurte à une difficulté de taille, car le propre des intellectuels, sous peine d'être discrédités, est de se tenir à distance du pouvoir. C'est ce qui explique que les deux interlocuteurs aient pris soin de souligner leur indépendance d'esprit. Pour Alain Finkielkraut, « ce n'est pas en se rangeant sous une quelconque bannière que l'intellectuel peut se rendre utile. C'est en essayant de nommer les choses et de faire apparaître la réalité occultée par les formules toutes faites et les clichés des diverses bien-pensances ». Abondant dans le même sens, Max Gallo affirme que « l'intellectuel doit toujours garder une attitude de retrait. Je suis frappé par l'oubli de ce principe. Je ne pensais pas que des intellectuels puissent encore signer un texte comme l'appel à voter pour Ségolène Royal, titré "Avant qu'il ne soit trop tard". Ma démarche, c'est de me demander, à partir de mon analyse, et avec toutes ses limites, qu'est-ce qui convient le mieux à la situation de la France en 2007 ».

Ce passage est très intéressant car les arguments avancés par les deux interlocuteurs illustrent parfaitement le point de vue de ceux que j'ai appelés les « intellectuels de gouvernement ». Les liens étroits qu'ils entretiennent avec les élites qui dominent la sphère politico-médiatique les obligent à de constantes dénégations pour convaincre le public de leur indépendance d'esprit, alors même qu'ils reprennent à leur compte les « problèmes » que les professionnels de la politique (c'est-à-dire, ici, Nicolas Sarkozy) imposent aux citoyens. Les intellectuels spécifiques, qui refusent cette soumission, n'ont pas besoin, quant à eux, de masquer leurs choix politiques puisqu'ils les présentent comme des choix de citoyens et non pas en tant qu'experts [1].

Les deux protagonistes de ce débat sont ainsi contraints de passer sous silence le soutien qu'ils apportent au programme de Nicolas Sarkozy, dont ils ont été, l'un et l'autre, des inspirateurs. On voit bien, là encore, que l'enjeu majeur se situe du côté des questionnements et non pas des réponses. Tous deux cautionnent le point de vue de la droite en avalisant les deux grandes questions que leur pose le journaliste du *Figaro* : « Pourquoi l'histoire n'unifie plus la société française ? » et « Pourquoi l'idée nationale est-elle toujours caricaturée ? » Aucun historien sérieux ne pourrait accepter cette façon de voir les choses. Affirmer que l'histoire aurait « unifié » les Français dans le passé, c'est tout simplement absurde. L'interprétation du passé a toujours été, surtout en France, un enjeu de luttes essentiel. De même, soutenir que l'idée nationale aurait constamment été « caricaturée », c'est reprendre tel quel le discours classique de la droite sur le sujet.

Dans cet entretien, Finkielkraut réitère ses thèmes de prédilection. Les « chercheurs en sciences sociales » sont à nouveau considérés comme les responsables de la décadence de la civilisation française, de même que les adeptes de la « repentance », qu'il dénonce en des termes de plus en plus barrésiens. À ses yeux, « c'est notre lien avec les morts qui est aujourd'hui menacé et même

1. Je rappelle que Nicolas Sarkozy a chaleureusement soutenu le philosophe de l'École polytechnique, lors de la polémique suscitée par ses propos sur les Noirs de l'équipe de France de football, en affirmant : « Alain Finkielkraut fait honneur à l'intelligence française » (5 décembre 2005). Pour ma part, j'ai signé la pétition « Avant qu'il ne soit trop tard », car il me semblait important de soutenir publiquement la candidate qui défendait la version patriotique de l'identité nationale, et non la version nationaliste.

rompu par la repentance ». Max Gallo s'appuie, quant à lui, sur Fernand Braudel afin de justifier une démarche ayant pour but de chercher « l'ADN particulier de la France ». Élu à l'Académie française le 31 mai 2007, cet ancien communiste, qui a été ensuite député et porte-parole du gouvernement socialiste, a finalement été convaincu par les arguments de Nicolas Sarkozy sur la nation. « S'il y avait par miracle un pouvoir politique suffisamment courageux pour tenir ce discours national, [...] on pourrait écarter bien des périls. » CQFD.

Le principal intérêt de cet entretien réside à mon avis dans le fait que les intellectuels de droite ne peuvent plus aujourd'hui alimenter le discours sur l'identité nationale avec les mêmes arguments que les générations précédentes. Les innovations que j'ai pointées en analysant le discours de Nicolas Sarkozy se retrouvent dans leurs propos. Nous avons vu que, pour le candidat de l'UMP, le vrai Français, c'est désormais celui qui est issu de l'immigration et qui a fait des efforts pour s'intégrer. Le même argument est repris par les deux interlocuteurs. En janvier 2007, Alain Finkielkraut avait déjà exprimé sa « proximité de situation » avec le chef de file de la droite : « Ma famille, comme celle de Sarkozy, n'est pas française de souche. Aussi ai-je été blessé comme s'il s'était agi de moi-même par la phrase le définissant comme un "néo-conservateur américain avec un passeport français [1]". [4] » De même, Max Gallo rappelle, dans l'entretien du *Figaro littéraire*, qu'il est issu d'« une famille d'immigrés italiens ». Chez ces deux intellectuels, les références aux racines étrangères jouent le même rôle que chez Sarkozy. Elles ont pour but d'opposer « l'intégration réussie » des immigrants d'hier et les « problèmes » que posent ceux

1. Cette phrase a été prononcée par Éric Besson, le chef de campagne de Ségolène Royal qui s'est ensuite rallié à Sarkozy !

d'aujourd'hui. Max Gallo précise ainsi, en parlant des immigrants italiens : « Il est évident que nous avons reconstruit notre place à l'intérieur de cette continuité française » ; ce qui lui permet ensuite de dénoncer les « logiques ethniques terrifiantes », incarnées selon lui par le mouvement des « Indigènes de la République » [1].

Si on compare les articles publiés dans *Le Figaro* au printemps 2007 pour cautionner l'offensive sarkozyenne concernant « l'identité nationale » avec la première offensive menée par ce journal sur le même thème au début des années 1980, on est frappé par son côté répétitif. On peut souligner néanmoins deux différences. La première tient au fait que la presse de droite est obligée, désormais, de sacrifier elle aussi à la rhétorique des « valeurs républicaines ». La seconde est que *Le Figaro* semble avoir plus de mal aujourd'hui à trouver des savants prêts à s'engager *publiquement* pour légitimer ce discours identitaire. Alain Finkielkraut et Max Gallo ont une audience médiatique, mais ils ne sont pas reconnus dans le milieu des philosophes ou des historiens professionnels. Alors que, dans les années 1980, la première offensive de la droite sur l'identité nationale avait été cautionnée, directement ou indirectement, par des savants mondialement connus, comme Fernand Braudel ou Claude Lévi-Strauss, et par des historiens dont la profession reconnaissait unanimement les mérites passés, comme Pierre Chaunu ou Jacques Dupâquier.

1. On peut compléter ces propos par ceux qu'a développés un autre académicien, Pierre Nora, dans *Le Monde* du 18 mars 2007. Lui aussi considère que « notre identité nationale » est en crise. Mais il refuse le lien avec l'immigration établi par Sarkozy. Cela n'empêche pas Pierre Nora d'affirmer que « l'arrivée d'une nouvelle immigration, la plus difficile à soumettre aux normes des lois et des coutumes françaises, est un élément supplémentaire de ces bouleversements ».

Quand « Libération » organise la résistance

Aujourd'hui, dans la presse française, *Le Figaro* occupe le pôle de droite et *Libération* le pôle de gauche. Le quotidien fondé par Jean-Paul Sartre a clairement affiché son soutien à Ségolène Royal tout au long de la campagne électorale. En consultant l'index des archives en ligne sur le site du journal, j'ai comptabilisé 227 articles entre la mi-mars et la mi-juillet en rapport avec « l'identité nationale », alors que, dans les mois précédents, ce thème était quasiment absent. Les journalistes de *Libération* sont donc au moins d'accord avec ceux du *Figaro* sur ce qui les divise. Tous ont considéré que la question de « l'identité nationale » était un problème fondamental de la campagne électorale. Dans un article du service politique de *Libération* paru le 10 mars 2007, l'accent est mis sur « la trouvaille sémantique de Sarkozy » et le fait que celle-ci « illustre un vrai virage politique ». On retrouve ici l'accord tacite entre les deux quotidiens que j'ai évoqué dans le chapitre II, à propos des « beurs » et du problème des jeunes « d'origine maghrébine » dans les années 1980.

Néanmoins, *Libération* s'est heurté aux mêmes difficultés que Ségolène Royal. La question de « l'identité nationale » étant un thème de droite, polémiquer sur ce sujet, c'était se situer sur le terrain de l'adversaire. C'est la raison pour laquelle le journal a privilégié un argument central, dénonçant la tentative de débauchage des électeurs du Front national. Dès que Nicolas Sarkozy a annoncé son nouveau ministère, *Libération* a vu dans la formule liant « immigration et identité nationale » un artifice rhétorique destiné à servir de « passerelle » entre la droite et l'extrême droite.

Pour discréditer l'offensive de Nicolas Sarkozy, *Libération* ne pouvait guère en effet recourir à l'arme des sondages, massivement utilisée par *Le Figaro*, sauf pour montrer que l'opération « identité nationale » avait permis un important transfert de voix du FN vers l'UMP. En revanche, le journal de gauche était en mesure de mobiliser une palette d'opposants au projet sarkozyen beaucoup plus variée que celle des soutiens affichés par le journal de droite. Depuis le mois de mars 2007, *Libération* n'a cessé de publier des prises de position hostiles à ce ministère (via le courrier des lecteurs, les blogs, les tribunes, les interviewes, les pétitions, etc.). Une analyse plus détaillée permettrait de montrer que ces interventions ont développé trois grands thèmes. Leurs auteurs critiquent les concessions faites à l'extrême droite, dénoncent les relents pétainistes de ce ministère de l'Immigration et de l'Identité nationale, déplorent le reniement des traditions d'accueil qui ont fait de la France l'un des premiers pays d'immigration au monde. Un dernier groupe concentre ses critiques sur les propositions de Ségolène Royal concernant le drapeau tricolore et *La Marseillaise*.

Parmi toutes ces voix contestatrices, j'ai sélectionné deux ensembles qui me paraissent particulièrement représentatifs des profils de la « gauche plurielle » dans les milieux culturels et scientifiques de la France d'aujourd'hui. Le premier regroupe les universitaires. Il est lui-même divisé en plusieurs pôles, qui s'organisent en fonction des compétences et des appartenances institutionnelles.

Les propos de Sophie Duchesne, chercheuse en sciences politiques au CNRS, publiés par *Libération* le 12 mai 2007, illustrent parfaitement le point de vue des « experts de gauche » sur les questions identitaires. Dans son intervention, elle utilise constamment le « nous Français » pour affirmer, par exemple, que « notre universalisme aveugle est en bout de course » ou qu'il « faut accepter de débattre de notre identité nationale ». Il n'y a pas ici de distance entre le vocabulaire de la science et le vocabulaire politique. On constate également une absence totale d'interrogation sur la construction de l'opinion publique. Le fait que les sondages aient montré qu'une majorité de sondés approuvait la création de ce ministère est vue comme une preuve que la question « passionne les Français ». La posture de l'expertise s'illustre aussi par le souci de dire aux lecteurs du journal quels sont « les vrais enjeux de ce débat » afin de proposer à la candidate socialiste quelques conseils sur ce qu'il faudrait faire pour battre Nicolas Sarkozy sur son propre terrain. Sophie Duchesne est en effet convaincue que la gauche est en difficulté sur l'identité nationale parce que ses militants n'en ont pas assez « débattu », laissant à Le Pen et à Sarkozy la maîtrise du sujet. C'est ce qui explique la réaction dérisoire de Ségolène Royal, agitant son drapeau tricolore au son de *La Marseillaise*. Selon Sophie Duchesne, la gauche ne pourra contrer efficacement la droite sur ce terrain qu'en s'inspirant du modèle anglo-saxon et en acceptant, par conséquent, de se reconnaître comme une société « multiculturelle » et « pluri-ethnique ».

On peut opposer à ce premier profil universitaire un profil nettement différent, voire contraire, celui des sociologues. Ce point de vue apparaît bien dans la tribune publiée par Laurent Mucchielli (*Libération*, 13 avril 2007). L'argument central consiste ici à dénoncer le « faux problème » de l'identité nationale, dont l'une des principales fonctions est d'occulter les inégalités sociales. L'auteur rappelle (à juste titre, comme on l'a vu) que « l'identité nationale n'est pas un tabou que ses promoteurs auraient le courage d'enfreindre. Voici au contraire près de vingt-cinq ans que l'on ne cesse d'en parler dans le débat public français. L'extrême droite s'en est emparée au début des années 1980, et c'est son fonds de commerce depuis lors. Mais une partie de la droite y a toujours été sensible, et a toujours tiré sur cette corde dans un but électoraliste ». Après avoir évoqué le précédent des années 1930 et les dérives qui ont conduit au régime de Vichy, Laurent Mucchielli rappelle que la France est un vieux pays d'immigration et qu'elle est devenue une société multiraciale et en partie multiculturelle. Par conséquent, il faut cesser de considérer que l'immigration est en soi un « problème ». Le véritable enjeu étant de savoir quel projet de société nous sommes capables de proposer aujourd'hui [1].

En dehors des universitaires, les voix les plus nombreuses qui se sont exprimées contre le projet de Nicolas Sarkozy provenaient du milieu artistique et sportif. Comme on l'a vu dans le chapitre II, l'industrie du spectacle et des loisirs a modelé, depuis les années 1960, un public aux références cosmopolites, adepte du « métissage » et très sensibilisé à la question du « racisme ». Au cours de la campagne électorale, c'est le joueur de football Lilian Thuram (par ailleurs membre du Haut Conseil à l'intégration) qui a exprimé cette sensibilité avec le plus de fougue.

Dans un entretien publié par *Libération* le 30 avril 2007, au lendemain du premier tour de l'élection présidentielle, Lilian Thuram estime que « M. Sarkozy réveille le racisme latent des gens. [...] Il est dommage que des politiques jouent sur ce malaise en stigmatisant les populations des banlieues. Il y a des termes précis qui servent à "délimiter", à séparer ces populations, comme "Français de souche", "minorités", "Français de deuxième ou troisième génération" ».

1. On peut rattacher à ces interventions universitaires celles des historiens, et notamment la première pétition lancée contre le ministère de l'Immigration et de l'Identité nationale à l'initiative du regretté Claude Liauzu (*Libération*, 23 mars 2007).

Le verbe « réveiller » paraît adéquat pour nommer les effets du discours de Nicolas Sarkozy, car il souligne bien le problème majeur que j'ai évoqué dans les chapitres précédents, concernant le rôle des allusions et des références implicites dans les discours sur l'immigration.

Dans d'autres entretiens publiés au cours de la même période, Lilian Thuram a évoqué sa rencontre avec Nicolas Sarkozy. En le lisant, on comprend mieux pourquoi leurs univers sont incompatibles. « Il me parlait de chiffres, de délinquance, d'agressions. J'ai essayé de lui parler de l'injustice sociale. J'ai voulu lui expliquer les halls d'immeuble. Je lui ai dit que, souvent, les jeunes se retrouvaient là parce qu'ils n'avaient pas d'autre endroit pour discuter. Moi-même, avec ma future femme, quand on était jeunes, on allait réviser nos cours dans la cage d'escalier parce que chez nous il n'y avait pas de place. C'était un prolongement de l'appartement. On dit souvent que les jeunes traînent en bande... Moi aussi, je tournais à Fontainebleau avec mes copains. On restait dans la rue parce que nous n'avions pas les moyens d'aller au café. Mais nous avions bien le droit d'aller en ville, nous aussi, même si nous n'avions pas de sous ! J'ai perdu cette habitude quand je suis devenu footballeur stagiaire à Monaco. Je pouvais me payer le café, je ne comprenais plus qu'on puisse tourner pendant des heures... J'étais passé de l'autre côté ! »

Dans ce passage, Lilian Thuram fait le lien entre les deux facteurs identitaires qui se conjuguent désormais pour alimenter la stigmatisation des jeunes des classes populaires : l'origine sociale et l'origine ethnico-raciale. Cette citation montre qu'aujourd'hui des champions sportifs comme lui tendent à remplacer les fils prodiges de l'école républicaine d'autrefois (tels Charles Péguy) dans la fonction des intellectuels issus du peuple et hantés par la question de la « trahison » de leurs origines. Le savoir qu'il a acquis en raison de sa propre expérience vécue rend Lilian Thuram particulièrement sensible au rôle que jouent les discours publics dans la stigmatisation des personnes, alors que Nicolas Sarkozy utilise les mots comme de simples slogans publicitaires. « Quand il oppose son "immigration choisie" à l'"immigration subie", ajoute Lilian Thuram, il suggère que les enfants d'immigrés qui vivent déjà avec nous sont "subis", "une gêne". » C'est le même réflexe qui le conduit à dénoncer les propos d'un Finkielkraut sur le nombre de Noirs en équipe de France. « Il pourrait y avoir onze joueurs noirs sur onze, ou zéro sur onze, ça n'aurait aucune importance. On se compte, on compte les autres, on invente des quotas, on s'organise en communautés fermées. Je suis totalement fier d'être français et totalement pénétré de mon identité noire et antillaise. Mais cela ne doit pas être prétexte à rejeter les autres. »

Conclusion : des commentaires centrés sur la « stratégie » qui occultent les questions de fond

Ce rapide survol des usages médiatiques de « l'identité nationale » confirme la logique que j'ai décrite à propos du champ politique. Les journalistes qui ont dénoncé l'identité nationale comme un « faux problème » détournant l'attention des véritables enjeux de la campagne (notamment dans *L'Humanité* et les journaux d'extrême gauche) ont été immédiatement marginalisés du débat public. Ce qui frappe, quand on analyse les articles de ceux qui ont pris ce thème au sérieux, c'est le fait qu'aucun travail d'investigation sur le *contenu* des propos de Nicolas Sarkozy n'a été mené. La petite enquête à laquelle je me suis livré dans le chapitre III était pourtant facile à réaliser, puisque tous les arguments du candidats de l'UMP figurent dans les deux discours de Caen (9 mars) et de Besançon (13 mars), consultable sur le site de l'UMP.

Ce manque de curiosité journalistique, d'autant plus surprenant dans la presse écrite que celle-ci s'est spécialisée dans l'art du commentaire, s'explique en partie par les contraintes qui pèsent sur ce métier. Placés sous la pression constante de l'actualité, les journalistes n'ont tout simplement pas le temps d'entreprendre ce type d'enquête, car ils doivent toujours rédiger leur papier dans l'urgence. C'est pourquoi ils se tournent vers les « experts », qui sont chargés d'expliquer aux lecteurs ce qu'est vraiment « l'identité nationale ». Les journalistes se réservent les analyses qui peuvent être produites dans le peu de temps dont ils disposent pour écrire leur article et qui respectent les normes du commentaire sportif, conformément aux exigences de l'information-spectacle. Dans cette perspective, ce sont les raisonnements stratégiques qui priment. Au cours de la campagne présidentielle, le contenu des propos sarkozyens sur l'identité nationale n'a guère préoccupé les journalistes parce qu'ils avaient les yeux rivés sur les sondages. Est-ce que Sarkozy allait prendre des voix à Le Pen ? Est-ce que la droitisation de son discours allait profiter à Bayrou ou à Royal ? Telles sont les questions qu'ils ont privilégiées. Comme si les journalistes eux-mêmes avaient compris, dès le départ, qu'il n'y avait rien à chercher derrière le slogan publicitaire vantant les charmes de « l'identité nationale »

On comprend mieux, dès lors, pourquoi le principe d'objectivité dont se réclame la profession s'est résumé, sur cette question comme sur beaucoup d'autres, à une simple règle de *symétrie*. Le sujet que Nicolas Sarkozy avait décidé de placer au centre de sa campagne électorale ayant été imposé comme problème fondamental pour l'avenir de la France, l'objectivité consistait à donner la parole aux « pour » et aux « contre ». C'est en vertu du même principe de symétrie que les deux principaux candidats ont finalement été renvoyés dos à dos. L'absence de toute analyse du contenu de leurs discours sur l'identité nationale rendait pratiquement obligatoire cette neutralité de façade. Mais comme nous l'avons vu dans le précédent chapitre, une analyse sérieuse des propos de campagne montre que, pour des raisons qui tiennent à la structure du champ politique, le clivage nationalisme/patriotisme sépare toujours aujourd'hui la droite et la gauche. C'est pourquoi, entre la version sarkozyenne et la version royalienne de l'identité nationale, il existait une dissymétrie comparable à celle que l'on trouvait déjà au début du siècle entre le discours de Barrès et celui de Jaurès.

CONCLUSION

Les raisons d'une démission

L'analyse présentée dans ce livre permettra peut-être aux lecteurs de mieux comprendre pourquoi la plus grande partie des historiens (huit sur douze) du conseil scientifique de la Cité nationale de l'histoire de l'immigration (CNHI) ont démissionné de leurs fonctions officielles le jour même où a été annoncée la formation du « ministère de l'Immigration et de l'Identité nationale » (18 mai 2007) [1]. Sans vouloir parler ici au nom de mes collègues, je voudrais néanmoins revenir sur les raisons qui expliquent nos critiques à l'égard de ce ministère et les actions engagées depuis le mois de juin 2007 pour sensibiliser l'opinion.

1. Les huit membres du comité d'histoire de la CNHI qui ont démissionné sont Marie-Claude Blanc-Chaléard, Geneviève Dreyfus-Armand, Nancy L. Green, Gérard Noiriel, Patrick Simon, Vincent Viet, Marie-Christine Volovitch-Tavarès, Patrick Weil. Les quatre membres qui n'ont pas démissionné de leurs fonctions (Driss El Yazami, Philippe Joutard, Janine Ponty, Catherine Wihtol de Wenden) partagent néanmoins nos critiques sur l'intitulé de ce ministère. Ils l'ont d'ailleurs fait savoir au ministre Brice Hortefeux, au cours de l'entretien que nous avons eu avec lui le 29 mai 2007.

Les historiens ont commencé à s'intéresser à l'immigration au cours des années 1980, c'est-à-dire au moment où la droite et l'extrême droite ont lancé la première offensive sur le thème de « l'identité nationale ». Nos travaux scientifiques ont largement contribué à faire admettre l'idée, qui n'était pas très populaire à l'époque, que l'immigration était une composante légitime de la mémoire nationale. Mais comme je l'ai montré dans les chapitres précédents, Nicolas Sarkozy s'est servi, pendant sa campagne électorale, de ces acquis pour les retourner, en les utilisant comme autant d'arguments visant à stigmatiser les immigrants qui frappent aujourd'hui à la porte de la France. Il a ainsi réaménagé le vieux discours nationaliste sur la « menace étrangère », en opposant les Français issus des immigrations passées, qui ont fait l'effort de s'intégrer en devenant riches et puissants, et les nouveaux immigrants, qui ne respectent pas la loi et vivent dans la misère parce qu'ils ne font rien pour s'en sortir.

La dignité de notre métier d'enseignant-chercheur, et aussi notre honneur de citoyen, nous interdisaient de cautionner ce type de discours, fondé sur la récupération politicienne de nos travaux. C'est la raison principale pour laquelle nous avons renoncé à nos responsabilités officielles au sein de la CNHI [1]. Notre geste a rencontré un écho qui a dépassé nos espérances. Signe des temps, le fait que des universitaires démissionnent au moment où tant d'autres se ralliaient au nouveau pouvoir, reniant leur camp et leurs convictions antérieures, est apparu comme un acte quasiment « héroïque » ! Mais l'impact de cette protestation publique s'explique aussi par sa dimension *collective*. Quand une communauté savante est capable de réagir de façon unanime, il est beaucoup plus difficile pour le pouvoir politique de discréditer ses arguments.

Le grand nombre de signatures que nous avons recueillies suite à l'appel lancé dans *Libération* contre l'intitulé de ce ministère [2], et le fait qu'il ait été signé par les dirigeants des deux principales centrales syndicales (Bernard Thibault pour la CGT et François Chérèque pour la CFDT), montrent que, dans tous les secteurs de la société française, nous sommes aujourd'hui nombreux à refuser la pensée unique médiatico-sarkozyenne que les pouvoirs en place cherchent à nous imposer [1]. Ce qui frappe, lorsqu'on examine la liste des premiers signataires de ce texte, c'est aussi l'ampleur du soutien international qu'il a reçu. Je crois que c'est la première fois que des représentants de la communauté scientifique mondiale se mobilisaient en aussi grand nombre pour protester contre un aspect de la politique menée par un gouvernement français. Des historiens, appartenant aux institutions les plus prestigieuses des cinq continents, de Sydney à Princeton, en passant par Pékin, Tokyo, Rio ou Cambridge, ont signé notre appel. Ils se sont sentis concernés par la création de ce ministère, à la fois parce qu'ils sont spécialistes de l'histoire de France, mais aussi en tant que citoyens du monde, car « l'identité nationale », comme je l'ai souligné dans le premier chapitre, ne concerne pas que les Français. Les nations se définissent en effet les unes par rapport aux autres. Il s'agit donc bien d'un problème international. L'une des conséquences majeures de la mondialisation, c'est qu'il est possible aujourd'hui (toutes proportions gardées) de concrétiser le rêve de Jean Jaurès en mobilisant la communauté internationale contre le pouvoir d'État, quand celui-ci succombe à la tentation nationaliste. C'est la

1. Cette pétition a été signée par plus de 10 000 personnes en moins d'une semaine. On peut consulter la liste des signataires sur le site que nous avons créé pour coordonner le mouvement, ‹www.upolin.org›.

meilleure réponse qui pouvait être apportée aux propos de Nicolas Sarkozy dénonçant la « petite intelligentsia » parisienne [I].

Le refus du nouveau nationalisme engendré par la « démocratie du public »

Comme je l'ai montré dans ce livre, il existe en France, depuis l'affaire Dreyfus, deux grandes façons d'appréhender, dans le champ politique, la question de « l'identité nationale ». La première, héritée de Jaurès (et en partie de Michelet), a été désignée par le terme « patriotisme ». En gros, elle consiste à être fier de faire partie d'un pays qui contribue aux progrès de l'humanité tout entière. La seconde, héritée de Barrès, c'est le « nationalisme ». Elle relève d'une logique sécuritaire qui vise à défendre l'identité nationale contre la « menace » que font peser sur elle ses ennemis de l'extérieur et de l'intérieur. Les arguments que Nicolas Sarkozy a avancés pendant la campagne électorale pour justifier la création du « ministère de l'Immigration et de l'Identité nationale » s'inscrivent dans le prolongement de cette tradition nationaliste, que revendique aujourd'hui la droite « décomplexée ». Le fait d'avoir rajouté au dernier moment, dans l'intitulé de ce ministère, les mots « co-développement » et « intégration » ne change rien à l'affaire.

Nous avons vu qu'il n'existait aucune définition de l'identité nationale qui soit acceptée par l'ensemble des chercheurs ou des experts. Cette absence de consensus découle du fait que cette expression n'est pas un concept scientifique mais appartient au langage politique. Or,

I. L'ampleur prise par ce mouvement de protestation explique sans doute l'agressivité à notre égard des partisans du nouveau régime [3].

toutes les notions politiques sont, par définition, des enjeux de luttes entre les partis en compétition. Il en va de « l'identité nationale » comme des « valeurs républicaines ». Le succès de ces formules vagues et creuses tient justement au fait que chacun peut les définir comme bon lui semble. Mais si chaque citoyen définit les mots selon son bon vouloir et ses intérêts, alors il n'y a plus de communication possible. Seuls règnent les rapports de force et la vérité appartient à celui qui parle le plus fort ; c'est-à-dire à celui qui contrôle les médias.

La question de l'identité nationale a été imposée pendant la campagne électorale non pas en raison de son importance pour le pays mais tout simplement parce que le candidat soutenu par les milieux d'affaires avait intérêt à la placer au cœur de la campagne. La polémique du printemps 2007 n'a fait que *répéter* le scénario déjà joué dans les années 1980 pour les mêmes raisons électoralistes. Depuis le début du xxe siècle, la droite a *toujours* tiré sur la corde nationaliste pour capter les voix d'une fraction des classes populaires. Cette fois encore, la stratégie a été très efficace. Au premier tour de l'élection présidentielle de 2007, les deux tiers des ouvriers ont voté pour la droite, alors qu'ils n'étaient que 45 % à voter pour de Gaulle au début des années 1960. Si la question de l'inégalité entre les riches et les pauvres avait été placée au centre de la campagne électorale, il est évident que les ouvriers auraient été moins empressés à soutenir le candidat de l'UMP. La preuve en a d'ailleurs été donnée entre les deux tours des élections législatives, avec la polémique sur la TVA sociale. Dès que la question sociale a été remise au centre du débat public, la droite a perdu des plumes.

L'originalité de Nicolas Sarkozy tient au fait qu'il a exploité au maximum les opportunités qu'offre aujourd'hui la « démocratie du public » pour imposer un

« nationalisme convenable ». Il a d'abord tiré profit du fait que les médias sont amnésiques. Le candidat de l'UMP a pu faire comme si le « débat » sur l'identité nationale n'avait jamais eu lieu. Il a aussi bénéficié du fait que la « démocratie du public » permet à tous les citoyens de participer à l'actualité en donnant leur avis sur leur « blog ». Mais seuls ceux qui sont au centre du jeu et le dominent ont le pouvoir d'imposer, en fonction de leurs intérêts, les sujets dont les citoyens doivent débattre. Nous avons vu comment Nicolas Sarkozy avait réussi, quasiment du jour au lendemain, à faire basculer la campagne électorale autour d'un slogan qui n'était plus à la mode depuis plusieurs années.

Le candidat de l'UMP a parfaitement compris que, dans un monde où les citoyens sont littéralement ensevelis chaque jour sous les flots de l'information, il n'y avait plus de place pour l'argumentation. Plus que jamais, les techniques de la publicité commerciale s'imposent aussi dans la politique. L'important était donc pour lui de trouver un slogan qui fasse mouche, en jouant sur les stéréotypes inculqués par les médias, pour mobiliser l'électorat du Front national contre les ennemis du moment. Mais pour se démarquer de Jean-Marie Le Pen, Nicolas Sarkozy a pris soin de ne jamais les désigner explicitement. Tout se joue donc désormais au niveau de la réception des messages politiques. Les allusions à des thèmes d'actualité que tout le monde connaît suffisent à suggérer le sens du propos, en laissant le soin aux électeurs d'achever le travail d'interprétation. La critique peut donc être balayée d'un revers de main, comme un procès d'intention, une « diabolisation » orchestrée par des adversaires mal intentionnés. Ceci d'autant plus que les sondages du *Figaro* sont là pour confirmer que le peuple est du côté du pouvoir.

Le rejet d'un ministère qui légitime un amalgame inacceptable

Les premiers mois du mandat présidentiel de Nicolas Sarkozy ont déjà clairement montré que le mode de gouvernement adopté par le nouveau chef de l'État s'inscrivait dans le prolongement direct de la stratégie du printemps 2007. Le fait que le directeur adjoint de sa campagne électorale, Laurent Solly, ait été recruté au lendemain des présidentielles par le groupe Bouygues dans les instances dirigeantes de TF1 confirme le rôle essentiel assigné aux médias pour le contrôle de l'opinion publique [4]. Désormais, lors de chaque événement sportif ou culturel, lors de chaque fait divers sanglant, lors de chaque catastrophe naturelle, les caméras seront là pour filmer le président aux côtés des victimes ou des héros du jour.

Sur le plan politique, les premières mesures qui ont été adoptées par le gouvernement Fillon concrétisent les promesses faites pendant la campagne électorale aux citoyens les plus riches : suppression des droits de succession, plafonnement de l'impôt sur les revenus et sur les grandes fortunes, etc. À cela s'ajoutent l'aggravation de la politique sécuritaire à l'égard des délinquants mineurs et les attaques contre le droit de grève. On comprend que les beaux quartiers aient voté en masse pour la définition de « l'identité nationale » défendue par Nicolas Sarkozy.

La plupart des spécialistes s'accordent pour souligner que ces mesures vont aggraver les inégalités entre les riches et les pauvres. Il existe donc un risque pour le nouveau pouvoir que les protestations des victimes de cette politique remettent la question sociale au premier plan de l'actualité, comme cela s'est produit entre les deux tours des législatives. La campagne électorale a montré que, pour la droite, la meilleure manière de faire face à ce danger était de relancer toujours et encore, le « problème » de l'immigration. Telle est, selon moi, la raison principale qui explique la création de ce « ministère de l'Immigration et de l'Identité nationale ». Pour éterniser le « problème », le plus sûr était en effet de l'étatiser. Mais lorsque des mots entrent dans le langage de l'État, leurs effets sont infiniment plus redoutables que des propos de campagne. L'association « immigration et identité nationale », dorénavant inscrite dans la loi, est devenue une catégorie de pensée et d'action qui s'impose à tous, quelle que soit l'actualité du jour.

Prolongeant les discours du candidat de l'UMP, les fonctionnaires de ce ministère sont désormais dans l'obligation de répéter quasiment quotidiennement que les « étrangers » (en l'occurrence les « clandestins » et les « communautaristes ») représenteraient un « problème fondamental pour l'avenir de la France ». Mais, comme je l'ai dit, l'immigration a atteint aujourd'hui son niveau le plus faible depuis plus d'un siècle, ce qui rend de moins en moins crédible les discours catastrophistes du nouveau gouvernement sur ce thème. Le projet de loi présenté par Brice Hortefeux au Conseil des ministres du 4 juillet 2007 sur « la maîtrise de l'immigration » est apparu, aux yeux des spécialistes, comme un simple « codicille » (pour reprendre le terme de l'association France terre d'asile) ajouté aux deux lois adoptées sur le même sujet par Nicolas Sarkozy, quand il était ministre de l'Intérieur.

Ce ministère est donc confronté à un déficit de crédibilité. Pour convaincre que le « problème » de l'immigration est essentiel et qu'il se donne les moyens de le résoudre, le ministère s'est lancé dans une surenchère sécuritaire qui incite ses agents à « faire du chiffre » en traquant sans relâche tous les sans-papiers [5]. Cette fuite en avant peut être comparée à celle qu'avait pratiquée Édouard Daladier avec les décrets-lois de novembre 1938. En même temps qu'il liquidait les acquis sociaux du Front populaire, ce dernier s'acharnait sur les « clandestins » de l'époque, présentés comme une menace mortelle pour l'identité nationale. Précisons toutefois qu'à la fin des années 1930 les Français étaient dans l'angoisse d'une guerre imminente, alors qu'aujourd'hui ils vivent dans un contexte pacifié.

Pour renforcer les contraintes qui pèsent déjà fortement aujourd'hui sur le regroupement familial, le gouvernement veut obliger les quelques dizaines milliers de personnes qui souhaitent rejoindre leurs conjoints, ou leurs parents résidant régulièrement en France, de passer un examen pour vérifier qu'elles parlent le français et qu'elles partagent les « valeurs républicaines » [1]. C'est au nom de ces « valeurs » que sont légitimées des mesures discriminatoires qu'aucun gouvernement de la République n'a jamais imposées aux millions d'immigrants qui se sont installés en France dans le passé. Les arguments avancés par le ministre Brice Hortefeux pour justifier l'action de ses services ne font que répéter à l'envi les thèmes martelés par Nicolas Sarkozy au cours de sa campagne électorale. L'éternelle rengaine sur la « menace » communautariste s'accompagne désormais d'un hommage systématique rendu à « nos ancêtres les immigrés », ces Français venus d'ailleurs qui ont défendu la patrie au péril de leur vie et qui ont « fait l'effort de s'intégrer » [6].

1. 20 000 personnes et moins de 45 000 conjoints de Français sont entrés en France en 2005. Mais sur les 20 000 « regroupants », près de la moitié étaient des enfants d'étrangers résidant en France et 3 600 des Algériens qui ne seront pas soumis, en vertu d'une convention bilatérale, à la condition de connaissance de la langue et des valeurs françaises. De même, sur les 45 000 conjoints de Français, près de 12 000 sont algériens.

Brice Hortefeux reprend aussi à son compte la thèse selon laquelle ses contradicteurs chercheraient à interdire le « débat » sur l'identité nationale, et leur reproche de tenir des propos qui « alimentent les tribunes plus qu'ils ne dérangent les électeurs ». Cette dernière remarque confirme, si besoin était, qu'il s'agit sur ce sujet, comme sur bien d'autres, de jouer l'opinion publique (formatée par TF1) contre les associations, les syndicats, les chercheurs, et contre tous les citoyens qui ne partagent pas les valeurs sécuritaires de la droite républicaine.

Lorsqu'on détient le pouvoir d'État, on peut ressusciter éternellement les mêmes antiennes, on peut reproduire les mêmes stéréotypes et alimenter les mêmes préjugés sans craindre la contradiction, car les critiques n'atteignent jamais le grand public, elles ne touchent pas la fraction de l'opinion qui fait les majorités électorales. L'enquête menée dans ce livre incite néanmoins à tempérer ce constat pessimiste. Si le discours nationaliste est toujours bien vivant, ses adeptes ne peuvent plus aujourd'hui avancer les mêmes arguments que Maurice Barrès, ni même ceux que Valéry Giscard d'Estaing utilisait il y a moins de vingt ans pour dénoncer l'invasion des immigrés maghrébins. À présent, ils sont obligés de se référer aux « valeurs républicaines ». C'est bien la preuve que si nos arguments ne « dérangent pas les électeurs », ils ne sont pas sans effets sur ceux qui parlent et agissent à leur place [1].

Plus que jamais la vigilance est donc à l'ordre du jour !

1. C'est pour amplifier ce mouvement de résistance que des chercheurs de toutes disciplines ont décidé récemment, pour épauler les associations dans leurs luttes, de créer un « observatoire » du ministère de l'Immigration et de l'Identité nationale [7].

Notes

Introduction. Une contribution au devoir de vigilance face aux usages publics de l'histoire

1. Gérard Noiriel, *Population, immigration et identité nationale en France (XIXe-XXe siècle)*, Hachette, 1992.
2. Sur cette question, lire Gérard Noiriel, *Penser avec, penser contre*, Belin, 2003.

I. Genèse d'un problème

1. Paul Ricœur, *Soi-même comme un autre*, Seuil, 1990.
2. Anne-Marie Thiesse, *La Création des identités nationales : Europe XVIIIe-XXe siècle*, Seuil, 2001, p. 11.
3. Abbé Sieyès, *Qu'est-ce que le tiers état ?* (1789), Flammarion, 1988.
4. J'ai développé cette question dans plusieurs chapitres de mon livre *État, nation, immigration. Vers une histoire du pouvoir*, Gallimard, (2001) 2005.
5. Louis Chevalier, *Classes laborieuses, classes dangereuses à Paris pendant la première moitié du XIXe siècle*, LGF, coll. « Pluriel », (1959) 1978.
6. Jules Michelet, *Tableau de la France* (1832), Olivier Orban, 1987.
7. Patrick Weil, *Qu'est-ce qu'un Français ? Histoire de la nationalité française depuis la Révolution*, Grasset, 2002.
8. Sur les mutations de l'espace public à cette époque, lire Gérard Noiriel, *Immigration, antisémitisme et racisme en France (XIXe-XXe siècle). Discours publics, humiliations privées*, Fayard, 2007, chapitre 2.

9. Paul Vidal de la Blache, *Tableau de la géographie de la France,* Hachette, 1903.

10. Sur cette question, lire Gérard Noiriel, *Sur la « crise » de l'histoire,* Belin, 1996.

11. Toutes ces citations sont empruntées au livre de Zeev Sternhell, *Maurice Barrès et le nationalisme français,* Presses de la fondation nationale des sciences politiques, 1972.

12. *Cf.* Herman Lebovics, *La « Vraie » France,* Belin, 1992.

13. Jean Jaurès, *L'Armée nouvelle,* J. Rouff, 1911. Le livre porte comme avant-tire « L'Organisation socialiste de la France ».

14. Sur ce point, lire la tribune de Serge Barcellini parue dans *Le Monde* du 30 mars 2007.

15. Sur tout cela, lire Gérard Noiriel, *Immigration, antisémitisme..., op. cit.*

16. Jean-Pierre Azema, *De Munich à la Libération. 1938-1944,* Seuil, 1979.

II. L'éternel retour de l'identité nationale

1. Philip Gleason, « American Identity and Americanization », *in Harvard Encyclopedia of American Ethnic Groups*, Cambridge UP, 1980, p. 31 ; cité par Richard Handler « Is identity a useful concept ? », *in* John Gillis (dir.), *Commemorations. The Politics of national identity*, Princeton UP, 1994, p. 34.

2. Sur tout cela, lire Yvan Gastaut, *L'Immigration et l'opinion en France sous la Ve République*, Seuil, 2000.

3. Sur cette politique, lire Patrick Weil, *La France et ses étrangers. L'aventure d'une politique de l'immigration de 1938 à nos jours,* Gallimard, 1991.

4. Pour une analyse critique du rôle des médias dans la vie publique aujourd'hui, lire notamment Éveline Pinto (dir.), *Pour une analyse critique des médias,* Le Croquant, 2007 ; et aussi Noam Chomsky et Edward Herman, *La Fabrique de l'opinion publique. La politique économique des médias américains*, Le Serpent à plumes, 2003.

5. Arnaud Mercier, *Le Journal télévisé,* Presses de Science-Po, 1996.

6. Sur cette question, lire notamment Laurent Mucchielli, *Le Scandale des tournantes,* La Découverte, 2004.

7. Sur la question de la réception des médias lire Daniel Cefaï, Dominique Pasquier (dir.), *Les Sens du public. Publics politiques, publics médiatiques,* PUF, 2003 ; et aussi Brigitte Le Grignou, *Du côté des publics. Usages et réceptions de la télévision*, Economica, 2003.

8. J'ai emprunté l'expression « démocratie du public » à Bernard Manin, *Principes du gouvernement représentatif* (Calmann-Levy, 1995). Cette dépendance n'empêche pas que le milieu politique et le monde des journalistes aient conservé leurs spécificités, et soient parfois en rivalités, comme le montre Michel Dobry à partir de l'exemple de la première cohabitation, 1986-1988 (« Le président en cohabitation. Modes de pensée préconstitués et logiques sectorielles », *in* Bernard Lacroix et Jacques Lagroye (dir.), *Le Président de la République. Usages et genèses d'une institution,* Presses de la Fondation nationale des sciences politiques, 1992).

9. Lire Michel Offerlé, *Sociologie de la vie politique française,* La Découverte, 2004.

10. Sur les mutations du journalisme au cours de la période récente, lire Patrick Champagne, *Faire l'opinion. Le nouveau jeu politique,* Minuit, 1990 ; Cyril Lemieux, *Mauvaise presse. Une sociologie compréhensive du travail journalistique et de ses critiques,* Métailié, 2000 ; Alain Accardo (dir.), *Journalistes précaires, journalistes au quotidien,* Agone, 2007.

11. Pierre-André Taguieff, « La rhétorique du national-populisme », *Mots*, octobre 1984, n° 9.

12. Toute cette partie s'appuie sur l'ouvrage d'Yvan Gastaut, *L'Immigration..., op. cit.*

13. Valéry Giscard d'Estaing, *Valeurs actuelles*, 24 juin 1985 ; *cf.* aussi le dossier de Valéry Giscard d'Estaing publié dans *Le Figaro* du 24 novembre 1990 sous le titre « Il faut revenir à identité française ».

14. Annie Kriegel, « L'immigration, un problème clé pour la société française », *Le Figaro,* 12 juin 1985 ; et aussi « L'identité française menacée », *Le Figaro,* 22-23 juin 1985.

15. *Cf.* Claude Lévi-Strauss (dir.), *L'Identité,* PUF, 1983 ; et Fernand Braudel, *L'Identité de la France,* Arthaud/Flammarion, 1986, 2 tomes.

16. Sur ce point, lire François Héran, *L'Avenir de l'immigration,* Seuil, 2007.

17. Lire Gérard Noiriel, *Les Fils maudits de la République. L'avenir des intellectuels en France*, Fayard, 2005. J'ai distingué dans ce livre trois grands profils d'intellectuels universitaires depuis l'affaire Dreyfus : l'intellectuel de gouvernement, l'intellectuel révolutionnaire et l'intellectuel spécifique.

18. Alain Finkielkraut, *La Défaite de la pensée*, Gallimard, 1987.

19. Alain Finkielkraut, propos extraits de l'entretien publié par le supplément hebdomadaire du journal israélien *Haaretz* daté du 18 novembre 2006, traduits de l'hébreu par Michel Warschawski et Michèle Sibony. Pour un panorama d'ensemble sur les études sociologiques consacrées aux violences urbaines récentes, lire notamment l'ouvrage de Gérard Mauger, *L'Émeute de novembre 2005*, Le Croquant, 2006.

III. Le « tournant » de l'élection présidentielle de 2007

1. Toutes ces citations sont tirées de la version écrite des discours de Nicolas Sarkozy mis en ligne sur le site de l'UMP, ‹www.u-m-p.org›.

2. Cette analyse s'appuie sur les discours de campagne, publiés sur le site de la candidate, ‹www.desirsdavenir.org›. Comme dans le cas des discours de Nicolas Sarkozy, il s'agit des versions transcrites par écrit, qui peuvent différer quelque peu du prononcé.

3. Dans un l'article publié en ligne sur le site de la revue *Mouvements* ‹www.mouvements.asso.fr›.

IV. Le rôle des médias ou *Comment faire du neuf avec du vieux*

1. Je m'appuie ici sur le script de l'émission que l'on trouve sur le site de l'UMP.

2. *Idem.*

3. *Cf.* les résultats de l'enquête réalisée par la Commission nationale consultative des droits de l'homme, ‹www.commission-droits-homme›.

4. Cité par Éric Aeschimann, *Libération*, 12 mai 2007.

Conclusion. Les raisons d'une démission

1. *Cf.* le communiqué que nous avons publié sous le titre « Un amalgame inacceptable ! » (*Le Monde*, 21 mai 2007).

2. « Non au ministère de l'immigration et de l'identité nationale », *Libération*, 22 juin 2007.

3. *Cf.* notamment la tribune de Jean-Philippe Moinet, « L'identité française n'est pas honteuse », *Le Figaro,* 21 mai 2007.

4. *Le Monde*, 24 mai 2007.

5. *Le Monde*, 21 août 2007.

6. Brice Hortefeux, « Ma vision de l'identité nationale », *Libération*, 27 juillet 2007.

7. *Libération*, 29 juin 2007.

Table des matières

Achevé d'imprimer en mars 2010
sur les presses d'Horizon

pour le compte des éditions Agone
BP 70072, 13192 Marseille cedex 20

Diffusion-distribution en France & en Belgique
LES BELLES LETTRES - BLDD
25, rue du Général-Leclerc, F-94270 Le Kremlin-Bicêtre
Tél. 01 45 15 19 70 — Fax 01 45 15 19 80

Diffusion-distribution en Suisse
ZOÉ
11, rue des Moraines, CH-1227 Carouge-Genève
Tél. (41) 22 309 36 00 — Fax (41) 22 309 36 03

Diffusion-distribution au Québec
DIMÉDIA
539, bd Lebeau, Ville Saint-Laurent (Québec)
Canada H4N 1S2
Tél. (514) 336-3941 — Fax (514) 331-3916

Dépôt légal 4e trimestre 2007

Bibliothèque nationale de France